Gerson Wolf

Der neue Universitätsbau in Wien

Gerson Wolf

Der neue Universitätsbau in Wien

ISBN/EAN: 9783743605282

Hergestellt in Europa, USA, Kanada, Australien, Japan

Cover: Foto ©ninafisch / pixelio.de

Weitere Bücher finden Sie auf **www.hansebooks.com**

Der
Neue Universitätsbau
in Wien.

Eine historische Studie

von

G. Wolf.

Wien, 1882.

Alfred Hölder,
k. k. Hof- und Universitäts-Buchhändler,
Rothenthurmstraße 15.

Vorwort.

Schon seit längerer Zeit bin ich im Besitze von archivalischem Materiale, welches geeignet sein dürfte, die vorhandenen Publicationen auf dem Gebiete der Geschichte der Wiener Universität zu ergänzen. Im verflossenen Frühjahre ging ich daran, dasselbe zu bearbeiten und machte davon unter anderem dem berühmten Verfasser des Werkes: „Geschichte der Wiener Universität", Herrn Hofrath Professor Jos. Ritter v. Aschbach, Mittheilung. Dieser regte in mir den Gedanken an, auch eine Darstellung der Reform der Universität, wie sie seit dem Jahre 1848 vollzogen wurde, zu geben, und ich glaubte dieser Anregung folgen zu sollen.

In Folge der freundlichen Intervention des Referenten in Universitätsangelegenheiten im k. k. Ministerium für Cultus und Unterricht, des Herrn Sectionsrathes Dr. Benno Ritter v. David, gestattete mir Se. Excellenz der Herr Minister für Cultus und Unterricht, Baron Conrad-Eybesfeld, die Benützung der diesbezüglichen Acten. In gleicher Weise erlaubte mir Se. Excellenz der Herr Ministerpräsident Graf Taaffe als Minister des Innern die Benützung der diesbezüglichen Acten, welche sich im Ministerium des Innern befinden.

Noch bin ich mit meinen diesbezüglichen Studien in der Registratur des Unterrichtsministeriums nicht zu Ende (in der

Registratur des Ministeriums des Innern habe ich noch gar nicht begonnen; es wurden mir blos einige Stücke, die auf die vorliegende Schrift Bezug haben, zur Verfügung gestellt), und noch habe ich Studien in anderen Archiven zu machen. Da jedoch die Vollendung des Universitätsbaues eine Angelegenheit ist, die dringend der Lösung erheischt, und zwar nicht nur im Interesse der Würde der ersten Universität des Reiches, der jetzt Räumlichkeiten zugewiesen sind, welche zu den selbst in kleinen Städten für die Volksschulen erbauten Gebäuden in schreiendem Contraste stehen; sondern auch im Interesse des Unterrichts selbst, der durch die jetzigen Verhältnisse geradezu geschädigt wird: habe ich mich im Interesse der Sache veranlaßt gesehen, vorläufig diese Schrift zu veröffentlichen. Hoffentlich nimmt es mir der Leser nicht übel, daß ich Fragen, die mit dem Universitätsbau in Verbindung standen, mit zur Sprache brachte.

Wie bereits bemerkt, ist das Materiale zur vorliegenden Schrift fast ausschließlich der Registratur des Unterrichtsministeriums entnommen, und sehe ich mich angenehm verpflichtet, den Herren Beamten daselbst und ins besondere dem Herrn Official Josef Riesenfeld für ihre Mühewaltung bestens zu danken.

Wien, im Jänner 1882.

Der Verfasser.

I.

Aus vormärzlicher Zeit.

(Mangel an Hörsälen, der Secirsaal im Innern der Stadt, die Josefsakademie.)

Der prachtvolle Palast für die Wissenschaft, der sich auf dem ehemaligen Paradeplatz erhebt, hat eine nicht unbedeutende Vorgeschichte.

Nachdem die Kaiserin Maria Theresia die Wiener Hochschule aus ihrem Verfalle erhoben, und die erste Reform derselben durchgeführt hatte, beschloß sie, der Universität ein neues, würdiges Heim auf Kosten des Staatsschatzes zu begründen. Im August 1755 war das „neue Universitätshaus", in welchem sich die Aula befand, gegenüber dem alten, fertig. Da die Kaiserin bei der feierlichen Uebergabe des Gebäudes anwesend sein wollte und sie sich damals guter Hoffnung befand, so erfolgte die feierliche Uebergabe am 5. April 1756, bei welcher außer der Kaiserin auch der Kaiser Franz, der Kronprinz Erzherzog Josef und die Erzherzoginnen Maria Anna und Maria Christina anwesend waren.*)

*) Sie schrieb nämlich auf den Vortrag des Grafen Haugwitz vom 24. August 1755: „All dieses erst nach der Kinderbett."· Am 2. November 1755 gebar die Kaiserin ihre jüngste Tochter Antonie. (Vergl. Kink, „Geschichte der k. k. Universität in Wien. I. S. 472 und Arneth, Geschichte Maria Theresia's. IV. S. 124.)

Dieses Gebäude in Verbindung mit den anderen Räumlichkeiten, die der Universität zur Verfügung standen (den von den Jesuiten im Jahre 1623 gekauften Häusern) genügten für beiläufig ein Menschenalter; denn schon im Jahre 1820 machte sich der Mangel geeigneter Localitäten für die philosophische Facultät fühlbar. Die Räumlichkeiten im akademischen Gymnasialgebäude, in welchen philosophische Disciplinen tradirt wurden, (die „Philosophie" bestand damals aus zwei Jahrgängen), waren nämlich ursprünglich für Holzlager bestimmt.

Die Studienhofcommission stellte daher den Antrag, daß das Barbarastift, in welchem sich jetzt das Handelsministerium befindet, das Eigenthum des Studienfondes war, jedoch von der Hofkammer für die Postwagendirection ꝛc. benutzt wurde, der Studienhofcommission zu Zwecken der philosophischen Facultät übergeben werde. Die Hofkammer ihrerseits wieder wies darauf hin, daß sie das Barbarastift für ihre Zwecke dringend brauche. In einem Handschreiben vom 16. December 1823 forderte hierauf der Kaiser den obersten Kanzler Grafen Goës auf, daß die Studienhofcommission sich gutachtlich über die künftige Verwendung des Barbarastiftgebäudes ausspreche.

In dem diesfälligen Vortrage vom 20. Mai 1826 constatirt die Hofkanzlei nach dem Berichte der ihr untergeordneten Studienhofcommission, daß die stattgefundenen Erhebungen Folgendes festgestellt haben: Das Local der philosophischen Studien stehe nicht etwa blos für die jetzige sehr gestiegene Schülerzahl, sondern auch für jede in Zukunft zu gewärtigende und an sich selbst tief unter allen berechtigten Ansprüchen, welche man auch bei den mäßigsten Erwartungen an ein Schullocale irgendwo und umsomehr in der Hauptstadt des Reiches an die vorzüglichste Studienanstalt der Monarchie machen kann. Es ist unbegreiflich, fährt die Studienhofcommission fort, wie man je auf den Gedanken verfallen konnte, solche nur zu Holzgewölben oder Magazinen geeignete Localitäten zum Unterrichte zu widmen, und nie wird Ordnung hergestellt werden, so lange dieselbe in einem solchen Locale bleiben muß. Die Studienhofcommission kann daher nur dringend bitten, der Kaiser möge dahin entscheiden, daß durch die Zurückstellung des Barbarastiftgebäudes an den Studienfond, dessen Eigenthum es ist, dem argen Uebelstande, daß die Schüler des philosophischen Studiums in feuchten, finsteren, ungesunden Gewölben, die durch ihre Bauart und dicke Stützsäulen zum Theil die Aufsicht und Uebersicht der Professoren erschweren und wirklich auch ihren Gesundheitszustand gefährden, endlich einmal abgeholfen werde. Gewiß sei das Barbaragebäude in hohem Grade für die betreffenden Cameralbehörden verwendbar; für die in sehr großer Verlegenheit befindliche hiesige Universität sei jedoch schlechterdings keine Abhilfe möglich (diese Worte sind im Vortrage doppelt unterstrichen), wenn sich der Studienfond des in Frage stehenden Gebäudes begeben müßte. Unter diesen Verhältnissen scheine aber doch der Zweck der Studienanstalt weit wichtiger als jener der genannten Cameralbranchen.

Hierauf resolvirte der Kaiser 3. August 1826: „Es ist Mein Wille, daß das St. Barbaragebäude zur Herrichtung für die philosophischen Studien verwendet werde, und ist daher Meine Entschließung der allgemeinen Hofkammer zur Räumung dieses Gebäudes zuzustellen. Die protestantisch theologische Lehranstalt (welche 1821 errichtet wurde) ist in selbem nicht unterzubringen."

Man sollte glauben, daß diese kaiserliche Entschließung klar und deutlich sei, und müßte daher angenommen werden, daß sie genau und präcis ausgeführt wurde; doch geschah weiter nichts. Die Sache wurde dann wieder in Folge des Hauptberichtes über den Zustand der philosophischen Studien im Schuljahre 1836 angeregt. Mittelst einer Entschließung vom 13. Jänner 1838 ordnete hierauf der Kaiser Ferdinand an: „rücksichtlich des Bedürfnisses zweckmäßiger Localitäten für die philosophischen Vorträge an der Wiener Universität die Gewinnung eines angemessenen Locales für den Unterricht in den philosophischen Lehrgegenständen, fortan der Gegenstand des sorgfältigsten Strebens der Behörde bleiben müsse."

In einem Vortrage der Studienhofcommission vom 14. Juni 1838 recapitulirte sie die stattgefundenen Verhandlungen. Die Hofkammer versicherte jedoch bis auf die letzte Zeit, daß die nöthigen anderweitigen Localitäten für die Postanstalten noch nicht ausgemittelt seien. Die Studienhofcommission meinte daher resignirt, daß unter diesen Verhältnissen die Uebelstände, welche bei den Localitäten der philosophischen Studienabtheilung so allgemein gefühlt werden, noch lange fortdauern werden.

Indem sie auf die angeführte Entschließung vom 3. August 1826 hinwies, erneuerte sie die Bitte, daß das Barbarastift von den Postanstalten geräumt werde.

Hierauf erfloß am 5. Juni 1839 auf einen Vortrag der Hofkammer vom 25. September 1838 folgende Resolution:

„Da Mir daran liegt, daß das St. Barbaragebäude der ihm bestimmten Widmung sobald als möglich überlassen werde, so ist sich die schnelle Vollziehung Meines an den Hofkammerpräsidenten am 15. September 1838 gerichteten Befehls, nach welchem die allgemeine Hofkammer Mir Vorschläge zur zweckmäßigen Unterbringung der obersten Hofpostverwaltung und der beiden Postanstalten zu erstatten hat, angelegen sein zu lassen."

Aber auch diese Resolution blieb erfolglos. Bald jedoch kam die Angelegenheit wieder zur Verhandlung.

Im Monat April 1838 wurde nämlich Pleischl, bis dahin in Prag, zum Professor der Chemie in Wien ernannt und bald hernach klagte er über die Unzweckmäßigkeit des dieser Lehrkanzel zugewiesenen Locales. Da ihm jedoch keine Abhilfe gewährt wurde, so wendete er sich am 30. April 1841 direct mit einem Bittgesuche an den Kaiser, des Inhaltes, es möge durch ein Handbillet verfügt werden, daß für die Unterbringung der chemischen Lehranstalt und für die Ausmittlung der dazu nöthigen Räume zuerst und vor allem anderen gesorgt werde.

In der That signirte der Kaiser das Gesuch und die Studienhofcommission hatte über dasselbe Bericht zu erstatten, welche dem Instanzenzuge gemäß zunächst das Votum der niederösterreichischen Regierung (der jetzigen Statthalterei) über das gestellte Ansuchen einholte. Diese sprach sich ablehnend aus.

Professor Pleischl hatte nämlich seine Bitte unter anderem damit motivirt, daß der Raum im Laboratorium unzulänglich sei. Ferner hob er das Zurückschlagen des Rauches und die schädlichen Dämpfe bei chemischen Operationen 2c. hervor. Die geplante Transferirung der anatomischen Seciranstalt (worüber später) oder der philosophischen Studien, gewährte ihm keine Hoffnungen, Localitäten zu einem chemischen Laboratorium zu gewinnen. Da sich jene Räumlichkeiten nicht zu diesem Zwecke eignen, und da sämmtliche Facultäten einer Verbesserung und Erweiterung der Ubicationen sehnsuchtsvoll entgegen sehen, so könnte, meinte die niederösterreichische Regierung, dann auch seinen Wünschen entsprochen werden. Die Regierung glaubte überdies, daß dieser Wunsch Pleischl's ein Ideal sei, der so lange zu den frommen Wünschen gehören werde, als sich die medicinisch-chirurgische Studienabtheilung im Innern der Stadt befinde, wo jeder Quadratschuh Grund und Boden mit Gold aufgewogen werden muß und oft nicht herbeigeschafft werden kann. Es sei daher den zu weit gehenden Anforderungen des Professors Pleischl keine Folge zu geben, „zumal es an der hiesigen Universität zur Mode zu werden scheint, sich mit dem Bestehenden nicht mehr zu begnügen und fast von jedem Lehrer für seine individuelle Kanzel mit Hintansetzung der allgemeinen Bedürfnisse Neuerungen angesprochen werden, die sich als unausführbar darstellen".

Die Majorität der Studienhofcommission schloß sich dieser Ansicht an, und demgemäß erfolgte die Resolution vom 18. Mai 1842 ablehnend.

In gewisser Beziehung noch schlechter als die philosophische Facultät war die medicinische, und zwar zunächst wegen des Secirsaales ec., der sich im Aulagebäude, also mitten in der Stadt, befand, bestellt.

Im Jahre 1753 wurden nämlich die Anatomie, so wie die medicinisch-chirurgischen Studien in das neue Universitätsgebäude übertragen, und die Localitäten, wo sie sich früher befanden, der Akademie der orientalischen Sprachen eingeräumt. Als die Studirenden zunahmen, wurden die Räumlichkeiten zu enge und mußten daher die anatomischen Vorlesungen seit 1820 doppelt gehalten werden, wofür der Professor der Anatomie in Folge einer kaiserlichen Entschließung vom 5. März 1821 ein Remuneration von jährlich fl. 1000 erhielt. Aber auch die Seciranstalt wurde mit Leichen überfüllt, welches zahlreiche Klagen veranlaßte.

Im Jahre 1833 ertönten lebhafte und laute Beschwerden über die unangenehmen und schädlichen Ausdünstungen, die sich im Universitätsgebäude verbreiten. Man suchte alle möglichen Abhilfsmittel anzuwenden, es wurden im Secirsaale Ventilatoren angebracht, der Secirsaal selbst wurde, so weit es der Raum gestattete, erweitert; es wurde den Studirenden der Durchgang durch den großen Prachtsaal eröffnet und eine Thüre des Secirsaales geschlossen, um dem Leichengeruche auszuweichen; es wurde ferner die Entfernung des Macerir= bodens und der Knochenbleiche in Antrag gebracht. Doch das Alles genügte nicht, um den Beschwerden abzuhelfen, welche sich desto lauter erhoben, als die Aufhebung der Leichentaxen Veranlassung gab, daß die Studirenden ihren Eifer in den Secirsälen vervielfältigten. Die Zahl der Leichen im Secirsaale stieg daher übermäßig und auch in der warmen Jahreszeit ruhten die Secirübungen nicht oder nur sehr kurze Zeit. In Folge dieser Verhältnisse ertheilte Kaiser Ferdinand aus Ischl, 1. September 1837, dem obersten Hofkanzler Grafen Inzaghi den Auftrag, die Acten der wegen Entfernung der anatomischen Anstalt der Wiener Universität aus dem neuen Universitätshause bei der Studienhofcommission an= hängigen Verhandlungen dem mittlerweile zum Director des medicinisch=chirurgischen Studiums ernannten Hofrathe und kaiserl. Leibarzte v. Raimann zur Erstattung eines wohl= erwogenen Gutachtens mitzutheilen, und dann sämmtliche Acten, versehen mit dem Gutachten der Studienhofcommission, ihm, dem Kaiser, zur Entscheidung vorzulegen.

Hofrath und Director v. Raimann fand es selbst= verständlich angemessen, die anatomische Lehranstalt aus der inneren Stadt zu entfernen; es fragte sich jedoch, wohin.

Zu all dem kam noch das Einschreiten des Vicedirectors der juridischen Studien v. Kremer hinzu, welcher auf Ab= theilung des ersten juridischen Jahrganges antrug und um Zuweisung eines Hörsaales für diese zu bildende zweite Abtheilung bat. Es befanden sich nämlich im Hörsaale des ersten Jahrganges mehr als 300 Hörer, so daß das Collegium „den Charakter eines Schwitzbades" annahm. Die Studienhofcommission sah sich daher veranlaßt, eine Commission ad hoc einzusetzen, welche sämmtliche Räumlichkeiten in Augenschein nehmen und dann berichten sollte, in welcher Weise abzuhelfen wäre. Diese Commission bestand aus dem Director der juridisch-politischen Studien Ritter v. Plappart; Ritter v. Raimann, Director der medicinischen Studien; Franz Schönaich, Hofrath und Generalreferent; v. Kremer, Vicedirector der juridischen Studien; Dr. v. Well, Vicedirector der medicinisch-chirurgischen Studien; Dr. v. Heintl, Vicedirector der philosopischen Studien; Josef Größler, Universitätsgebäude-Inspector, und Anton Herlth, Hofkanzlei-Conceptspraktikant, als Actuar. Diese Commission constatirte in dem Protokolle vom 6. März 1845 unter anderem Folgendes: Der Tag, an welchem sie das Gebäude commissionell besichtigte, war ein Ferialtag, und dennoch war die Luft in dem neuen Universitätsgebäude so verdorben, daß ein längerer Aufenthalt daselbst unangenehm war. „Offenbar ist dieser Uebelstand auch bei einer sorgfältigeren Lüftung als bisher nicht zu beseitigen, weil bei der beinahe ununterbrochenen Besetzung der Hörsäle diese Dünste schon dem Mauerwerk imprägnirt sind." Bei diesen Localitätsverhältnissen seien Störungen im Vortrage unvermeidlich, da die Gänge, Stiegen und die Universitätshalle stets von Studirenden angefüllt sind, welche bis zur Räumung des für sie bestimmten Hörsaales daselbst warten müssen.

Der Secirsaal befindet sich im Erdgeschosse neben der Stiege, welche zu den Hörsälen der Theologen und Juristen führt, und ist er seiner schädlichen Ausdünstung wegen nicht nur für die dort vorübergehenden Studirenden, sondern da diese Dünste sich auch im ganzen Gebäude verbreiten, so werden sie für alle jene, welche in demselben verweilen, äußerst lästig und gesundheitswidrig.

Dem Secirsaale gegenüber befinden sich die Todtenkammer, die Injectionsküche u. s. w., welche, nachdem diese Localitäten aus einem großen Saale bestehen, durch einen Fußboden abgetheilt sind, und dient die obere Abtheilung dem Anatomiediener und dem Diener der Sternwarte zur Wohnung.

Im zweiten Stock befindet sich der ganz von Holz amphitheatralisch erbaute anatomische Hörsaal, welcher, da zur nothdürftigen Beheizung desselben zwei große Oefen daselbst stehen müssen, auch die Projectoren und Assistenten dort ihre Präparate ausfertigen, sehr feuergefährlich und polizeiwidrig ist.

Die philosophische Studienabtheilung ist im neuen Universitätsgebäude auf den physikalischen Hörsaal sammt Museum und im akademischen Lehrgebäude auf vier ebenerdige Hörsäle nebst einem Zimmer beschränkt. Der physikalische Hörsaal sei wohl etwas zu klein, da er nur für beiläufig 220 Hörer Raum hat, während im Jahre 1844 295, im Jahre 1843 259 und im Jahre 1842 252 Hörer im zweiten Jahrgang (in welchem eben Physik tradirt wurde) eingeschrieben waren. Doch sei dieser Mangel gering im Verhältnisse zu den Zuständen in den ebenerdigen Sälen im akademischen Gebäude. Diese sind finster, feucht und dumpfig, überdies sind sie zu klein. In jedem der drei großen Hörsäle sollen 300 Schüler untergebracht werden, und doch zählte der erste Jahrgang im Jahre 1842 343, im Jahre 1843 422 und 1844 354 Schüler. In manchen Gegenständen muß daher mit bedeutenden Kosten doppelter Unterricht ertheilt werden. Während der Prüfungen des ersten und des zweiten Semesters (bis zum Jahre 1848 bestanden Semestralprüfungen), welche ungeachtet der möglichsten Zeitökonomie 5—6 Wochen dauern, müssen alle obligaten und fast alle nicht obligaten Vorlesungen unterbrochen und die Lehrmittelsammlungen der allgemeinen Naturgeschichte ꝛc. können gar nicht aufgestellt werden. Mit Einem Worte, diese Lehrsäle sind mit allen jenen üblen Eigenschaften ausgestattet, welche gesetzlich von den Trivial- und Dorfschulen hintangehalten werden. Das finstere, ebenerdige Zimmer, in welchem die strengen Prüfungen für das philosophische Doctorat, sowie alle Commissionen des philosopischen Lehrkörpers abgehalten werden, ist blos ein unterschlagenes Stück des Ganges, gleich einem Gefängnisse, nicht einmal mit einem gehörigen Fenster versehen. Es ist finster, feucht, zu klein und auch deswegen unzulänglich, weil während der darin stattfindenden Rigorosen und sonstigen Amtshandlungen die Professoren der philosophischen Studienabtheilung vor und nach ihrer Vorlesung alles Unterstandes entbehren und auf dem offenen Gange verweilen müssen. Man wird zugeben, daß der Bericht der Commission trübselig genug lautet, und sollte man glauben, daß so rasch als möglich Abhilfe geschafft wurde. Es geschah aber nichts.

Da man jedoch hoffte, das Josefinum für die medicinische Facultät zu erhalten, so suchte man dem Wunsche des Vicedirectors v. Kremer vorläufig dadurch zu entsprechen, daß man den Diener der juridisch-politischen Facultät delogirte und seine Wohnung, welche sich im Universitätsgebäude befand, zu einem Hörsaale adaptirte; zugleich aber erschien im Amtsblatte eine Kundmachung der niederösterreichischen Regierung vom 5 Februar 1846 des Inhaltes, daß eine Privatwohnung zur mehrjährigen Miethe behufs Adaptirung zu Lehrsälen gesucht wird.

Die größten Unzukömmlichkeiten bestanden jedoch nach wie vor an der medicinischen Facultät, speciell wegen des Secirsaales. Der oberste Hofkanzler Graf v. Inzaghi sah sich daher veranlaßt, diesbezüglich einen alleruntertänigsten Vortrag an den Kaiser am 14. December 1842 zu richten.

In demselben hob er auf Grund einer Eingabe des Universitätsconsistoriums (jetzt akademischer Senat) die bestehenden Mängel hervor. Die Hörsäle seien vom frühen Morgen bis zum Abend besetzt, wodurch speciell im Winter die Lüftung unmöglich werde. Es entstehe daher im Laufe des Tages in diesen Räumen eine Atmosphäre, welche Lehrer und Hörer in hohem Grade belästige und deren Gesundheit geradezu gefährde. Die philosophischen Hörsäle wären überdies nicht nur sehr beschränkt, sondern auch sehr dunkel. Auch die Localitäten für die Vorlesungen aus der Chemie seien sehr beschränkt und verdiene das chemische Laboratorium kaum diesen Namen. Zu all dem komme noch, daß der Secirsaal im neuen Universitätsgebäude untergebracht sei. Mitten in einem dichtbevölkerten Stadttheile werden 1500—2000 Leichen oder Leichentheile aufbewahrt, macerirt und secirt, wodurch ein der Gesundheit höchst schädlicher, pestartiger Geruch verbreitet werde. Da diese Leichen oder Leichentheile aus dem allgemeinen Krankenhause in die innere Stadt transportirt werden, so begreift es sich, daß dieser Transport für die Bewohner jener Gassen und Straßen, welche er passirt, nicht angenehm sei. Inzaghi erklärte daher, daß die anatomische Lehr- und Seciranstalt aus Sanitäts- und Polizeirücksichten nicht länger in dem Universitätsgebäude in der inneren Stadt verbleiben könne.

Dieser Vortrag blieb vorläufig unerledigt im Cabinete des Kaisers.

Die Frage wurde jedoch von Tag zu Tag brennender. Bereits im Jahre 1843 drängte Professor Rokitansky auf die Herstellung von Ubicationen für die pathologische Anstalt.

Wieder tauchten zahlreiche Projecte auf, wo diese Anstalt errichtet werden könnte. Nachdem dann 1845 der Hofkriegsrat sich damit einverstanden erklärt hatte, die Josefsakademie mit der Universität (medicinischen Facultät) zu vereinigen, steuerte man zunächst auf dieses Ziel zu. (Es mag hinzugefügt werden, daß diese Anstalt, wie das pathologisch-chemische Institut, erst im Mai 1862 eröffnet wurden.) Wie man nämlich weiß, errichtete Kaiser Josef II. eine Akademie zur Heranbildung von Militärärzten, für welche er bekanntlich die Wachspräparate aus Florenz kommen ließ, wobei ihm sein Bruder, der nachmalige Kaiser Leopold II., gute Dienste leistete. Diese Anstalt hieß die Josefsakademie oder das Josefinum. Der Lehrplan sowie der Bildungsgang für die Hörer der Josefsakademie war gleich dem für die Hörer an der Universität; nur waren die Professoren und die Hörer an der Universität gegen jene an der Josefsakademie insofern im Nachtheil, daß ihnen nicht die Präparate :c. zu benützen gestattet war. Während jedoch die Zahl der Studirenden am Josefinum eine minimale war (sie betrug in einem Jahrgange kaum das Doppelte der Zahl der Professoren), war die Zahl sämmtlicher Studirenden der Universität bei 4670; hingegen betrugen die Kosten für das Josefinum, welches im Ganzen von 144 Hörern frequentirt war, im Jahre 1825 fl. 48.000, während die Kosten für die Universität trotz der bedeutenden Zahl von Hörern fl. 171.425 ausmachten. In einem Vortrage vom 15. Februar 1846 befürwortete daher der oberste Kanzler Graf v. Inzaghi, daß die Studirenden der Medicin an der Universität gemeinschaftlich mit den Zöglingen des Josefinums den Unterricht erhalten sollen, und zwar in den Localitäten des Josefinums, wo Raum vorhanden war, wodurch Ubicationen an der Universität frei würden, die zu anderen

Zwecken verwendet werden könnten. Ferner müßte ein Secirsaal gesondert errichtet werden, damit nicht im Josefinum dieselben Unzukömmlichkeiten entstehen, wie sie im Universitätsgebäude vorhanden seien, und fände sich ein Platz für denselben in der Nähe des Militärspitales. Schließlich wies der oberste Hofkanzler darauf hin, daß auch jetzt die Vorlesungen über pathologische Anatomie, da am Josefinum für diese Disciplin keine Kanzel besteht, an der Universität für Hörer beider Anstalten „klaglos" gehalten werden.

Aber auch dieser Vortrag blieb vorläufig unerledigt. Es kam das Jahr 1848. Da schritt die philosophische Facultät bei dem ersten Unterrichtsminister in Oesterreich, Freiherrn v. Sommaruga, ein und bat, den vorhandenen Uebelständen abzuhelfen. Dieser unterbreitete dem Kaiser am 8. Mai 1848 einen diesbezüglichen Vortrag, der in Innsbruck, wohin sich der Kaiser Ferdinand geflüchtet hatte, am 13. Juni erledigt wurde. Der Kaiser gab nämlich seine Zustimmung zu dem Vorschlage, daß die Studirenden der Medicin an der Universität gemeinschaftlich mit den Studirenden im Josefinum in dieser Anstalt den Unterricht empfangen können. Mittelst k. Entschließung vom 4. October wurde das Gebäude und die Sammlungen des Josefinums unter die Mittel gereiht, welche der Universität dargeboten wurden, um beim medicinisch-chirurgischen Unterricht auch Rücksicht auf die Bedürfnisse der Hörer zu nehmen.

II.

Das Jahr 1848 und seine Folgen.

(Aula-Kaserne. Sistirung der Vorlesungen. Schriftwechsel zwischen dem Unterrichtsminister und dem Civil- und Militärgouverneur. **Disjecta membra** der Universität. Die Gewehrfabrik. Die Josefs-akademie. Vivisectionen.)

Zur Zeit als diese Resolutionen erflossen, waren die Vorlesungen an der Universität bereits geschlossen. Nachdem nämlich Kaiser Ferdinand in Folge der Sturmpetition am 15. Mai Wien verlassen hatte, war das Ministerium bestrebt, die akademische Legion, wenn wir so sagen wollen, auf gütlichem Wege aufzulösen, und glaubte es das geeignete Mittel darin zu finden, indem es am 24. Mai den Schluß des Studienjahres anordnete und den Studirenden alle jene Beneficien einräumte, welche ein mit gutem Erfolge absolvirtes Studienjahr gewährte. Da zu jener Zeit, wie bereits bemerkt, an der Universität noch Semestralprüfungen bestanden und eine gute Note die Befreiung vom Militär zur Folge hatte, so erklärte der Minister Sommaruga am 24. Mai in der bezeichneten Kundmachung, daß an die Stelle der Zeugnisse über abgelegte Prüfungen vorläufig Frequentationszeugnisse gegeben werden sollen, welche nach einer kaiserlichen Entschließung vom 7. Mai ebenfalls die Militärbefreiung zur

Folge und in allen anderen Beziehungen denselben Werth wie Zeugnisse mit gutem Erfolge haben werden.*)

Das Ministerium hatte gehofft, daß in Folge dieser Maßregel die fremden Studirenden Wien verlassen und die Einheimischen auf Ferien gehen oder sich überhaupt vom öffentlichen Schauplatze zurückziehen werden. Es täuschte sich jedoch; es kam der Barrikadenbau am 26. Mai und das Universitätsgebäude wurde eine Kaserne der akademischen Legion. Wie verworren die Anschauungen damals waren, mag aus Folgendem hervorgehen: An dem genannten 26. Mai wurden Fenster, Thüren ɔc. im Universitätsgebäude beschädigt und es sollten Reparaturen vorgenommen werden. Es fragte sich jedoch, wer die Kosten zu bestreiten habe. Bei dieser Gelegenheit wird in dem Bescheide des Unterrichtsministeriums an die niederösterreichische Regierung (der jetzigen Statthalterei) vom 24. Juni bemerkt: „Uebrigens ist die Frage in Berathung zu nehmen, ob für die Zukunft nach Reactivirung der Studien überhaupt Wachtstuben der akademischen Legion im Gebäude der Universität zu bestehen haben werden."

---

*) Es mag hier hinzugefügt werden, daß Pillersdorf als Minister des Innern (Freih. v. Sommaruga wurde am 27. März zum Unterrichtsminister ernannt) am 25. März 1848 die Verordnung erließ, daß es für Studirende der Philosophie nicht obligatorisch sei, die Semestralprüfungen zu machen, und genügen Frequentationszeugnisse behufs der Fortsetzung der Studien. Zugleich wurde die namentliche Controle (das Verlesen) über das Erscheinen der Studirenden bei dem Sonn- und Feiertagsgottesdienste „vor der Hand" aufgehoben. Hierauf erfolgte am 2. April 1848 der Erlaß des einige Tage zuvor ernannten Unterrichtsministers Freih. v. Sommaruga, in welchem wiederholt erklärt wurde, daß den Hörern der philosophischen Studien auch für das erste Semester Frequentationszeugnisse ausgestellt werden können mit dem Beifügen, daß jene Studirende, welche sich einer Prüfung unterzogen und eine ungünstige Fortgangsclasse erhalten haben, nichtsdestoweniger aufsteigen können.

Von anderer Seite wieder freute man sich mit diesen Demolirungen. Es hatten sich nämlich mehrere Männer zusammengethan, um arme Handwerker zu unterstützen. Hier fand man Gelegenheit, denselben Beschäftigung zu geben. Man ließ sogar Schulbänke und sonstige Utensilien in Vorrath machen, um Gewerbetreibende zu unterstützen.

Doch nicht lange war das Universitätsgebäude die Kaserne der akademischen Legion. Windischgrätz im Vereine mit Jellačić belagerten Wien und eroberten die Stadt. Es begann nun eine tieftraurige Zeit für Wien und speciell für die Universität, und was mit ihr im Zusammenhange stand. Die Centralcommission der Stadtcommandatur ersuchte am 13. November 1848 das Geniehauptamt das Universitätsgebäude einschließlich der Aula und nur mit Ausnahme der die physicalischen und die sonstigen werthvollen Gegenstände enthaltenden Cabinete, welche gehörig abzuschließen sein werden, so schnell als nur möglich zu einer Kaserne adaptiren zu lassen.

Bald hierauf, am 25. December, verlangte der Vorstand der genannten Centralcommission, Generalmajor F r a n k, die gänzliche Räumung des neuen Universitätsgebäudes, auch des physikalischen Cabinets und des anatomischen Museums behufs militärischer Zwecke. In dieser Zuschrift an das Unterrichtsministerium heißt es: „Die Facultätsstudien werden während des Belagerungszustandes wohl kaum eröffnet werden. Ueberdies dürfte es kaum zulässig sein, in dem Viertel der Stadt, wo früher die Universität bestanden hat, diese fortan zu belassen, nachdem die Erfahrung gelehrt hat, wie schwer es ist bei einem Aufstande der Studirenden und einer gewaltthätigen Widersetzlichkeit derselben, diese mit militärischer Macht zu unterdrücken, ohne die ganze Gegend den nachtheiligen Folgen eines förmlichen Bombardements preiszugeben."

Hierauf erfolgte am 28. December die Weisung des Unterrichtsministeriums: „Die Wünsche des Militärs sollen in der kürzesten Zeit klaglos befriedigt werden." Doch mußte vorläufig das physikalische Cabinet und das anatomische Museum an ihrem Standorte verbleiben.

Die Professoren der medicinischen Facultät waren gewissermaßen naiv genug, am 24. November 1848 das Unterrichtsministerium zu ersuchen, dahin zu wirken, daß das Militär aus den Räumlichkeiten des Universitätsgebäudes entfernt werde, als wenn das Unterrichtsministerium damals irgendwie in der Lage gewesen wäre, den Militärbehörden gegenüber ein maßgebendes Wort zu sprechen. Gewissermaßen als Antwort darauf erfolgte am 29. November das Decret der Centralmilitärcommission, nach welchem die Wahl eines Rectors für das Studienjahr 1848/9 verboten wurde.

Am 22. November 1848 trat das Ministerium Schwarzenberg-Stadion ins Leben. Graf Stadion war Minister des Innern und des Unterrichtes. Dieser war redlich bemüht, dafür zu wirken, daß die Vorlesungen an der Universität wieder beginnen können. — Doch der damalige Civil- und Militärgouverneur von Wien, Freiherr v. Welden opponirte in sehr entschiedenem Tone gegen dieses Vorhaben. Er schrieb am 22. December: „Diese Studirenden sind größtentheils solche, die der aufgelassenen akademischen Legion bis zu dem letzten Momente angehörten und gewußt haben, sich bei dem Einrücken der österreichischen Truppen, in die von diesen eroberte Hauptstadt durch Mithilfe der mit ihnen gleich gesinnten Bewohner flüchtig zu machen. Von Individuen, die durch mehr denn sieben Monate die Hauptwerkzeuge der stattgefundenen politischen Umtriebe gewesen sind, sich in der angemaßten, Reichstag und Ministerium beherrschenden Rolle, dann in jener des Terrorisirens und Requirirens der ganzen Bevölkerung gefallen haben und darin ihre Unterstützer in der sie beherrschenden Umsturzpartei fanden; von solchen Individuen, die alles gethan haben, nur nicht das, was in ihrem Berufe gelegen war, läßt sich kaum erwarten, daß sie nun in sich gegangen seien und sich den Wissenschaften widmen werden. Diese sollen nur wieder die ostensible Seite für die Rechtfertigung des hiesigen Aufenthaltes bilden, um die Behörden damit zu täuschen und der nicht ruhenden Umsturzpartei, welche diese ohnehin schon ganz verdorbene Jugend um so leichter ausbeuten wird, bei sich darbietender Gelegenheit hilfreiche Hand zu leisten. Wäre es ihnen mit dem Studium wirklich Ernst, würden sie nicht nothwendig haben, nach Wien zu kommen, die Hörsäle in Prag, Olmütz, Graz, Innsbruck stehen den aus den Provinzen kommenden offen und sie haben dahin näher als nach Wien."

„So lange der Belagerungszustand dauert und so lange ich Gouverneur im Belagerungsrayon bin, kann ich nicht zugeben, daß die Facultätsstudien an der hiesigen Universität eröffnet werden, und nach meiner Ueberzeugung wäre sogar zu wünschen, die Universität durch einige Zeit ganz zu sperren; und dieses ist nicht meine Meinung allein, sie ist jene eines großen Theiles der hiesigen Bevölkerung, der sich von dem, aus der Schwäche zweier Ministerien hervorgegangenen und durch selbe stets höher potencirten Studententerrorismus noch nicht erholt hat. Ich kann daher nicht dulden, daß sich Leute hier aufhalten, die nicht hieher zuständig sind und für die der Zweck, der sie hieher geführt hat, gar nicht besteht. Ebensowenig kann ich aber angehen lassen, daß eine Maßregel noch fortan in Wirksamkeit bleibe, welche dem Ministerium abgedrungen (!) wurde, und diese ist die Befreiung der Studenten von der Militärpflicht, die ihnen bei der letzten Recrutirung aus der Besorgniß zugestanden wurde, die man damals hatte, daß die Durchführung einer im Gesetze gegründeten Maßregel große Gährung hervorrufen werde. Nun haben die hiesigen Studirenden ein ganzes Jahr verloren. Für das erste Semester 1848 hat der größte Theil keine Prüfungen gemacht; im zweiten Semester haben sie aber nicht frequentirt, denn die Aula hat sich zu einer Kaserne und zu einem Tummelplatz allerlei Schandthaten umgestaltet … Das Ministerium berief sich in der Kundmachung vom 24. Mai auf eine allerhöchste Entschließung, doch existirt eine derartige allerhöchste Entschließung nicht." *)

Der Civil- und Militärgouverneur schlug daher vor:

1. Die erzwungene Maßregel der Befreiung der Studenten von der Recrutirung wird aufgehoben.

2. Die den Mitgliedern der akademischen Legion ausgestellten Frequentationszeugnisse sind ungiltig.

---

*) Der Civil- und Militärgouverneur beschuldigt hier das Ministerium Pillersdorff, respective den damaligen Unterrichtsminister Freiherrn v. Sommaruga geradezu der Lüge und des sträflichsten Mißbrauches der Amtsgewalt. Es liegt uns nicht ob, eine Geschichte des Jahres 1848 zu schreiben. Man mag jedoch über jene Zeit und über die Männer, die damals an der Spitze der Geschäfte standen, denken wie man will, so wird niemand die genannten Männer einer derartigen Lüge für fähig halten und ihnen zumuthen, sie hätten eine kaiserliche Entschließung fingirt. Helfert in seiner Geschichte des Jahres 1848 berichtet, ungarische Minister hätten vom Kaiser Ferdinand zu Innsbruck eine Unterschrift behufs der Absetzung Jellačić' erschlichen. Sie benützten nämlich einen Moment, als die Kaiserin Maria Anna in ein Nebenzimmer gegangen und der Kaiser allein war. Wie absurd wäre es jedoch gewesen, in Wien am 24. Mai eine Kundmachung zu veröffentlichen, welche sich auf eine kaiserliche Entschließung vom 7. beruft, die gar nicht existirte. Wahrlich dazu hätte man in Innsbruck nicht geschwiegen.

3. Die nach den Altersclassen heuer zu stellen gewesenen Studirenden sind ohneweiters vorzurufen, „weil nicht abzusehen, warum diese Leute besser gestellt sein sollten als die übrigen Staatsbürger."

4. Fremde Studirende aus der Provinz werden für deren Rechnung abgestellt, jedenfalls aber von hier weggewiesen.

Das Schriftstück schließt wie folgt:

„Ich bemerke, daß ich als Stadtgouverneur gegen die Wiedereröffnung der Facultätsstudien an der Universität und gegen die Hierbelassung der nicht nach Wien zuständigen Studirenden jedenfalls protestiren muß, wenn ich die mir obliegende Garantie der Ordnung durchführen soll. Darum bin ich auch in diesen beiden Beziehungen gesonnen, nach meinem Wirkungskreise das Geeignete einzuleiten."

In Folge dieser Zuschrift wurde beschlossen die Vorlesungen an der Universität wohl wieder aufnehmen zu lassen, jedoch sehr strenge Maßregeln bei der Aufnahme der studirenden Jugend vorzuschreiben und zu handhaben. Es ergieng von Seite des Grafen Stadion ein Erlaß am 28. December, welcher folgende Momente enthielt:

Die Vorlesungen am polytechnischen Institute und an der Akademie der bildenden Künste bleiben einstweilen ausgesetzt.

Die juridischen, medicinisch-chirurgischen und philosophischen Studien an der Wiener Universität beginnen im Februar 1849.

Nur österreichische Staatsangehörige und ordentliche Hörer können inscribirt werden und zwar beim Vicedirector, jedoch hängt die definitive Aufnahme vom Lehrkörper ab.

Die Lehrkörper haben zu sorgen und sind dafür verantwortlich, daß niemand zugelassen werde, der sich nicht über gute Sitten und tadelloses Benehmen standhaft auszuweisen vermag.

Wegen Beschränktheit der Localitäten kann vorläufig nur eine beschränkte Anzahl von Zuhörern aufgenommen werden, den Vorzug haben die in und um Wien wohnenden, und zwar:

Zu den juridischen Studien nur solche, welche in Nieder- und Oberösterreich wohnen, zu den chirurgischen, welche in Niederösterreich seßhaft sind, und ebenso zu den philosophischen nur jene aus Niederösterreich.

Zugleich wurde dem Lehrkörper durch das Landespräsidium bedeutet:

Die Localitäten werden bestimmt, wenn die Zahl der Hörer festgesetzt ist, und wird auch eine provisorische Verordnung bezüglich der Disciplin erfolgen.

Es kann in besonderen Fällen bezüglich der Aufnahme eines Studirenden aus einem anderen Kronlande eine Ausnahme gemacht werden. Hingegen ist der Punkt in Betreff der guten Sitten und des tadellosen Benehmens mit aller Strenge durchzuführen.

„Das Ministerium ist gesonnen in dieser und in anderen Beziehungen mit der Verantwortlichkeit des Lehrkörpers vollen gerechten Ernst zu machen, um soweit dies an ihm liegt, die Universität zu ihrer wahren Bestimmung, die auch ihre schönste ist, zurückgeführt zu sehen."

Das Circular schließt:

„Der Waffendienst, der mit den Studien nicht vereinbarlich ist, hat aufzuhören und ist die akademische Legion aufzulösen."

Am 21. Jänner 1849 erklärte hierauf Freiherr von Welden, er könne weder die vorläufige noch die definitive Aufnahme der Studirenden so ganz unbedingt dem Vicedirectorate und dem Lehrkörper in der Beziehung überlassen, daß lediglich von ihrem Ermessen die Beurtheilung der politischen Haltung der sich zur Aufnahme meldenden Studirenden während der „Schandperiode" seit dem Monate Mai des vorigen Jahres abhängen soll. „Ohne meine Zustimmung darf kein Studirender aufgenommen werden."

Der Lehrkörper wurde nun beauftragt, die Liste der Inscribirten dem Militär- und Civilgouverneur vorzulegen, über welche sich dieser dann am 1. März 1849 sehr befriedigt äußerte. Der Lehrkörper, erklärte er, sei im Allgemeinen mit Vorsicht und Umsicht bei der provisorischen Aufnahme vorgegangen, denn bei einer Anzahl von 400 Studirenden, die inscribirt wurden, konnte blos 24*) die Bewilligung nicht ertheilt werden, wegen ihrer Theilnahme an den October-Ereignissen und durch ihre an den Tag gelegte ultraradicale Gesinnung.

Es mag dahin gestellt bleiben, ob diese Studirenden wirklich so ultraradical waren, oder ob sie diese Bezeichnung blos nach den Anschauungen des Herrn Civil- und Militärgouverneurs verdienten. Denn nach der Ansicht des Freiherrn v. Welden waren auch jene ultraradical, die ihren Kopf mit einem Calabreserhut bedeckten, oder welche Vollbärte trugen.

Soweit waren also die Dinge gediehen, und während das Polytechnicum und die Akademie der bildenden Künste nach wie vor noch geschlossen blieben, konnten die Universitätsstudien anfangen, wenn auch das Studienjahr, welches im October begonnen hatte, bereits vorgerückt war. Nun aber entstand die Frage wegen der Localitäten. Das Militär occupirte das alte und das neue Universitätsgebäude mit der Aula,

---

*) 10 derselben waren Schüler der Licealclassen und 14 Hörer der medicinischen Facultät und der Thierarzneischule.

ferner das danebenstehende Gebäude, in welchem sich das akademische Gymnasium befand. Das Militär hielt nicht blos diese Gebäude besetzt, es betrachtete sich als Herr und Eigenthümer derselben und ließ eigenmächtig Veränderungen vornehmen, um Küchen und Aborte zu gewinnen, so daß Graf Stadion am 10. Februar 1849 sich veranlaßt sah, den Civil- und Militärgouverneur darauf aufmerksam zu machen, nicht ausschließlich nach eigenem Ermessen in derartigen Angelegenheiten vorzugehen.

Die Sorge, Localitäten für die Vorlesungen zu beschaffen, war groß. Das Ministerium zog das Universitätsconsistorium zu Rathe, und legte ihm die Frage vor, ob daran zu denken wäre, ein Gebäude zu adaptiren, welches alle Facultäten aufnehmen könnte, und ein solches in Vorschlag zu bringen; oder ob die Facultäten in verschiedenen Gebäuden untergebracht werden sollen, und dann diese namhaft zu machen. Niemand wagte es unter den damals herrschenden Verhältnissen das Universitätsgebäude selbst für die Universität zu beanspruchen; wohl aber gab es Professoren, welche einen derartigen Gedanken nicht genug verdammen konnten. So ließ sich eine Stimme vernehmen, man möge das Ministerium bitten, „daß künftig die Universitätsvorlesungen nicht mehr an der Stätte abgehalten werden sollen, an der die Mordbestellung (!) des Grafen Latour in das Werk gesetzt worden war. Bei allen Völkern gibt es geheiligte und verruchte Orte, leider ist das Universitätsgebäude durch die Vorgänge des Jahres 1848 zu den letzteren zu zählen. Obschon aber entweihte Orte oft wieder geheiligt werden, so scheint mir etwas Aehnliches hier nicht stattfinden zu können... Keine Sühne dürfte hinreichen, all' die Makel zu tilgen."

Doch lassen wir derartige Ergüsse aufgeregter Gemüther in einer tiefaufgewühlten Zeitperiode, und wenden wir uns unserem Gegenstande zu. Nach vielfachen Verhandlungen wurde die Frage der Ubication in folgender Weise gelöst. Für die Studirenden der Theologie räumte der damalige Erzbischof von Wien, Milde, das Alumnat als Auditorium ein. Die Vorlesungen für die Studirenden der Medicin mit Ausnahme der philosophischen Disciplinen wurden im Josefinum gehalten und für die Studirenden der Philosophie und jene an der rechts- und staatswissenschaftlichen Facultät wurden zur Noth Localitäten im Theresianum ausfindig gemacht.

Es waren Räumlichkeiten zur Noth, wie wir sagten, und gar häufig zeigte es sich, wie sehr der Unterricht darunter litt.

Beim Beginne des Studienjahres 1849/50 bat der Professor der Zoologie Dr. Schmidt (6. October), es möge ihm gestattet werden, die Vorlesungen im naturhistorischen Saale der Universität oder im Locale einer Gymnasialclasse abzuhalten. Der damalige Unterrichtsminister Graf Thun befürwortete bei Freiherrn v. Welden diese Bitte mit dem Bemerken: „Auch in polizeilicher Beziehung dürfte hieraus kein Nachtheil zu besorgen sein, indem der bloße Besuch der naturhistorischen Vorlesungen eine Anhäufung von Studirenden in dem Innern der Stadt keineswegs zur Folge haben wird."*)

---

*) Beim Beginn des Studienjahres 1849—50 richtete der Civil- und Militärgouverneur Freiherr v. Welden am 8. October 1849 eine Zuschrift an den Unterrichtsminister Grafen Thun, in welcher es heißt:

... Ich muß daher wünschen, daß bei der mir bekannten günstigen Stimmung der unteren Schichten der Bewohner Wiens für die Studirenden im Allgemeinen so viel möglich vermieden werde, die Zahl derselben auf dem hiesigen Platze anzuhäufen.

Studirende jener Kronländer, wo Lehranstalten für philosophische

Welden wollte jedoch diesem Wunsche nicht willfahren. Zunächst meinte er, 9. October 1849, die Wiener Garnison werde verstärkt werden, und dann werde man die noch freien Räume brauchen, ferner stimmte er die bekannte Melodie an. Er schrieb: „Die Erinnerung an die durch die Studirenden begangenen Schandthaten in jener Gegend, wo sich die Universitätsgebäude befinden, ist nichts weniger als erloschen oder erbleicht, um nicht wieder frisch aufzutauchen, wenn man diese Gegend wieder ganz harmlos zum Versammlungsorte einer Classe von Studirenden machen wollte, von welchen alle Unordnungen ausgegangen sind und geleitet wurden."

Graf Thun gab jedoch die Unterhandlungen nicht auf. Schließlich gestattete der Civil- und Militärgouverneur die Benützung des gewünschten Zimmers im dritten Stockwerke des Gymnasialgebäudes, welches an das Museum für Naturgeschichte grenzte, für die zoologischen Vorlesungen; jedoch durften die Studirenden nicht dieselbe Treppe mit den Soldaten benutzen.

Die Wiener Universität hatte daher nun folgende Standorte: Das bischöfliche Alumnat, die Josefinische Akademie, das Theresianum und das akademische Gymnasium.

Daß diese Zustände für Lehrer und Hörer höchst uner-

---

und juridische Studien bestehen, sollen auch daselbst studiren. Die Lehranstalten würden dadurch an Credit gewinnen. Eine Ausnahme könnte nur für jene eintreten, die sich für das Lehramt vorbereiten. Diese müßten jedoch gründliche Bildung haben und in einer diesfalls abzugebenden Erklärung Bürgschaft liefern. Diese Ausnahme werde jedoch blos ad personam Sr. Excellenz dem Grafen Thun gemacht.

„So lange über Wien der Ausnahmszustand besteht, kann ich dem Lehrkörper durchaus nicht das Recht zugestehen, zu Gunsten berücksichtigenswürdiger Individuen für deren Aufnahme Ausnahmen eintreten zu lassen, ich muß vielmehr darauf beharren, daß jeder derlei Fall mir zur Entscheidung vorgelegt werde."

quicklich waren, braucht nicht wiederholt gesagt zu werden. In Folge der weiten Entfernung frequentirten die Theologen die philosophischen Vorlesungen gar nicht. Die Mediciner hatten folgende Standorte: das Josefinum, ferner das Theresianum und das akademische Gymnasium für die philosophischen Disciplinen, schließlich das allgemeine Krankenhaus und den botanischen Garten. Für die Rechtshörer wurden die Vorlesungen im Laufe des Vormittags gehalten. Fast sämmtliche Studirende hatten jedoch einen weiten Weg zur Universitätsbibliothek. Um den Besuch derselben möglich zu machen, wurden auch Nachmittags Lesestunden fixirt. (Bis dahin war die Bibliothek blos während der Vormittagsstunden geöffnet.)

Das Professorencollegium der philosophischen Facultät wendete sich hierauf, 12. Jänner 1850, an das Universitätsconsistorium mit der Bitte, dahin zu wirken, die Vereinigung der Wiener Universitätslocalitäten herbeizuführen.

Bevor diese Zuschrift im Schoße des Consistoriums zur Beratung gelangte, traf ein Schreiben des Professors Kudler vom 17. Jänner 1850 ein, in welchem derselbe nach der Aussage des Dieners Nußbaum mittheilte, daß das Militär die Universität geräumt hätte. Die Freude dauerte jedoch nicht lange, denn diese Nachricht war irrthümlich. Wohl waren Soldaten abmarschirt, aber andere sollten wieder kommen.

Am 18. Februar 1850 befürwortete das Consistorium die obige Bitte des Professorencollegiums der philosophischen Facultät. Das Consistorium erklärte: „Eine solche Trennung der Lehrer und der Lernenden, wie sie nun besteht, ist dem Zwecke der Wissenschaften offenbar entgegen; sie widerspricht dem Ansehen und der Würde, ja dem Begriffe einer Universität."

In einer Zuschrift an das Consistorium vom 20. Februar würdigte Graf Thun vollkommen die vorgebrachten Gründe, doch konnte er unter den gegebenen Verhältnissen nichts thun. Die Universität möge jedoch vorläufig einen Plan entwerfen und angeben, welche Räumlichkeiten nothwendig sein werden, um sämmtlichen Facultäten mit den theils durch die neue akademische Organisation, theils durch die größere Ausdehnung der Vorlesungen herbeigeführten gesteigerten Anforderungen zu genügen.

Am 17. Jänner erstattete das Consistorium Bericht, der von dem Gedanken ausgieng, das vorhandene Universitätsgebäude zu benützen, weshalb er auch ad acta gelegt wurde, da sich nicht bestimmen ließ, wann das Militär diese Räumlichkeiten verlassen werde.

Am 11. November unterbreitete das Universitätsconsistorium dem Grafen Thun das einstimmig gefaßte Ersuchen aller vier Facultäten, baldmöglichst die verschiedenen Facultätsstudien in einem einzigen Locale zu vereinigen und dasselbe in die Mitte der Residenzstadt zu verlegen, „weil das Gedeihen des Unterrichtes davon wesentlich abhängt, und die Uebelstände, welche mit der örtlichen Trennung der Vorlesungen unausweichlich verbunden sind, nur trauriger und schmerzlicher empfunden werden."

Die Bitte blieb unberücksichtigt, da der Unterrichtsminister nicht Herr der Lage war. Ihm mußte es Genugthuung gewähren, wenn er im Kampfe mit der Militärmacht, da und dort ein Local zu Unterrichtszwecken erobern konnte. So gestattete Freiherr v. Welden am 21. März 1850 eine Localität für das physikalische Institut; ein Local als Sitzungssaal für das Professorencollegium der rechts- und staatswissenschaftlichen Facultät, in welchem die Rigorosen abgehalten werden sollten, wollte er jedoch nicht gewähren.

Im September 1851 erwirkte Graf T h u n vom Kriegsminister, daß ein Zimmer im akademischen Gymnasium von
Soldaten frei gemacht ward, in welchem die neuerrichtete
achte Gymnasialclasse unterrichtet wurde.*)

Kurz zuvor hatte sich Graf T h u n veranlaßt gesehen,
etwas energischer aufzutreten. Wie wir nämlich bereits bemerkten, hatte der Erzbischof M i l d e gestattet, daß die
theologischen Vorlesungen im Alumnate stattfinden können.
Die Räumlichkeiten daselbst waren jedoch nicht groß. Dazu
kam, daß, nachdem die Revolution in Ungarn niedergeworfen
war, ungarische Landeskinder wieder nach Wien ins Paz-
manäum (das Seminar wurde vom Erzbischof von Gran, Peter
Pazmany, für die Bildung ungarischer Jünglinge in den
höheren Fächern der Theologie gegründet) kamen. Die beschränk-
ten Räumlichkeiten des Alumnates genügten daher noch weniger

---

*) Es mag hier hervorgehoben werden, daß Graf T h u n, der
ehrlich und redlich um jeden Fuß breit, den er für die Universität
erringen konnte, mit der Militärbehörde kämpfte, doch nicht stets
die Lage der Dinge und die Stimmung der Studirenden objectiv
genug beurtheilte. So erließ er am 17. Jänner 1850 folgende
Weisung: Die Lehrkörper in Wien haben die im Erlasse vom
28. December 1848 enthaltenen beschränkenden Bestimmungen über
die Aufnahme der Studirenden als in fortdauernder Geltung zu
betrachten und in jeder Beziehung den Ausnahmszustand, in welchem
die Stadt sich befindet, sowohl selbst gewissenhaft zu beachten als
auch mit der größten Sorgfalt dahin zu wirken, daß er von den
Studirenden beachtet werde. Unordnungen, welche für die öffentlichen
Zustände der Stadt eine wenn auch nur entfernte Gefahr in sich
schließen, werden die ungesäumte Schließung der Lehranstalten zur
Folge haben. Sie würden aber auch bei dem Umstande, wo die
Lehrkörper zum Voraus der kräftigsten Unterstützung von Seite der
Executivgewalt gewiß sind, kaum anders als durch einen sträflichen
Mangel an Sorgfalt oder Energie von Seite eines Lehrkörpers
entstehen können.

als bis dahin und waren nach der Aussage der Aerzte geradezu gesundheitsschädlich. Erzbischof M i l d e wendete sich daher am 4. Juni 1850 an den Grafen T h u n mit der Bitte um Abhilfe. Nun griff Graf T h u n etwas straffer an. Er schrieb am 13. Juni 1851 an den Kriegsminister C s o r i ch und hielt ihm vor, das das neue Universitätsgebäude, das Gebäude des vormaligen Stadtconvictes und ein Theil des akademischen Gymnasiums dem Studienfonde gehören, und doch werden sie widerrechtlich seit dem Jahre 1848 vom Militär besetzt.

Der Kriegsminister berührte in seiner Antwort nicht die Rechtsfrage, denn thatsächlich war auch er in Verlegenheit. Es fehlte nämlich an Kasernen für die damals vorhandene große Truppenzahl. Die Franz-Josef-Kaserne war eben im Baue begriffen. Ursprünglich war es beabsichtigt, einen Flügel für eine Kaserne und den anderen für das Parlament zu bestimmen, so daß das Witzwort cursirte: „Was die Einen gut machen, werden die Anderen verderben." Nachdem jedoch die Märzverfassung am 31. December 1851 aufgehoben ward, wurde auch der andere Flügel zu einer Kaserne bestimmt. Damals jedoch war sie noch nicht fertig. Der Kriegsminister beschränkte sich daher in seiner Antwort blos darauf, zu versprechen, daß er durch Baulichkeiten im Aulagebäude es möglich machen werde, Lehrsäle für die Studirenden der Theologie zu ermitteln.

Die peinlichen Verhältnisse bestanden jedoch fort und nur einzelnweise wurden Erleichterungen gewährt. So wurde dem nach Wien berufenen Professor P h i l i p p s gestattet, die Vorträge über Rechtsgeschichte in einem Saale des akademischen Gymnasiums zu halten.*)

---

*) Während der Zeit, als vielfache und wie wir wissen berechtigte Klagen über Mangel an Räumlichkeiten ertönten, wurde ein

Als die Stadterweiterung im Principe beschlossen war, richtete Graf **Thun** am 6. Mai 1853 einen alleruntertänigsten Vortrag an den Kaiser, in welchem er die beklagenswerthen Zustände der Universität schilderte und um Abhilfe bat. Der Kaiser, welcher das lebhafteste Interesse für die Universität hatte, wie wir das an einem anderen Orte näher nachweisen werden, entschied hierauf am 13. Mai, daß für die Bedürfnisse der Wiener Universität geeignete Localitäten, wobei jedoch von dem Gebäude zwischen der oberen und unteren Bäckerstraße (Aulagebäude) gänzlich abzusehen ist, auszumitteln, oder neue herzustellen seien, und sind die Vorschläge im Verein mit dem Finanzminister und dem damaligen Generaladjutanten des Kaisers, Grafen **Ramberg**, mit **möglichster Beschleunigung** zu erstatten.

Um jedoch den schreiendsten Uebelständen so bald als möglich abzuhelfen, erfolgte eine weitere kaiserliche Entschließung vom August 1853, die disponiblen Localitäten des ehemaligen Stadtconvictes für die juridischen und philosophischen Vorlesungen zu verwenden. Diese Resolution behob nicht das Uebel; aber sie beseitigte mindestens für die erste Zeit, als die Zahl der Studirenden noch nicht so groß war, als sie später geworden, das Härteste und Schreiendste.

Während die Studirenden der Theologie, der Jurisprudenz und der Philosophie*) in solcher Weise, wenn auch

---

chemisches Laboratorium im Consistorialgebäude, das mit bedeutenden Kosten hergestellt ward, mit mehreren der schönsten Tracte den Jesuiten übergeben. Aus Universitätskreisen ließ sich in späterer Zeit eine Stimme über diesen Vorgang in folgender Weise vernehmen: „Eine ärgere Verhöhnung der Wissenschaft, ein absichtlicheres Verkennen ihrer Interessen und ihrer Zwecke ist wohl nicht mehr denkbar; es ist der an der Wissenschaft begangene Verrath."

*) Im Theresianum verblieb vorläufig blos das chemische Laboratorium, bis zu der Zeit, als das Institut für Chemie erbaut war.

zur Noth unter Dach gebracht waren, wurde die medicinische Facultät delogirt. In Folge eines Vortrages von Seite des Armee-Obercommandos vom 31. Juli 1853 resolvirte nämlich der Kaiser am 15. Februar 1854, da eine fünfjährige Erfahrung den Beweis lieferte, daß der Bedarf der Armee an Aerzten durch die Vereinigung der Josefsakademie mit der Wiener medicinischen Facultät nicht gesichert sei, so soll die medicinisch-chirurgische Josefsakademie, wie vor dem Jahre 1848 als abgesonderte, selbstständige und umfassende Bildungsanstalt, der auch das Recht zustehen soll, Doctoren zu creiren, wieder hergestellt werden.*)

*) In Folge eines diesbezüglichen Beschlusses des Reichsrathes im Jahre 1868 wurde die Josefsakademie aufgehoben. Aus einem Protokolle über eine Berathung dieser Frage vom 5. Juli 1870 im Unterrichtsministerium (den Vorsitz führte Sectionschef Czedik, Votanten waren die Generalstabsärzte Ritter v. Heidler, Ritter v. Haffinger, ferner die Professoren Rokitansky und Dumreicher) entnehmen wir folgende Daten. Es wurde einstimmig beschlossen: Die Josefsakademie wird aufgelöst und der Universität einverleibt. Die Auflösung geschieht successive, so daß die vorhandenen Akademieschüler ihre Studien daselbst in der bisherigen Weise vollenden. Unter Wahrung des Berufungsrechtes der medicinischen Professoren sei an der seinerzeitigen Uebernahme der Professoren von Seite der Universität nicht zu zweifeln. Von den Lehrmitteln, Instrumenten, Büchern 2c. behält die Militärverwaltung diejenigen zurück, welche zum Zweck des Militärsanitätswesens erforderlich oder verwendbar sind. Da der erste und zweite Jahrgang an der Akademie bereits aufgehört haben, so wird das Akademiegebäude und der botanische Garten sogleich übergeben und zugleich die anatomische und geburtshilfliche Wachspräparatensammlung, die Präparate und Lehrmittelsammlung der descriptiven Anatomie, das chemische Laboratorium, die naturhistorischen Sammlungen und die Bibliothek. Das Unterrichtsministerium wird, falls sich eine geeignete Lehrkraft findet, eine Lehrkanzel für Hygiene mit besonderer Rücksicht auf Militärhygiene errichten u. s. w.

Der Kaiser theilte diesen Entschluß in einem Handschreiben dem Grafen Thun mit. Dieser erstattete hierauf am 13. April 1854 einen Vortrag, in Folge dessen der Kaiser den Unterrichtsminister ermächtigte, die Pläne zu einem Gebäude für die Wiener Universität von den Professoren der Akademie der bildenden Künste van der Nüll und Siccardsburg entwerfen zu lassen (als Standort wurde das ehemalige Josefstädter Glacis in Aussicht genommen), und befahl der Kaiser ferner, ihm das Bauproject mit möglichster Beschleunigung vorzulegen. Für die Studirenden der Medicin an der Universität sollte jedoch die Studienabtheilung einstweilen in das im Hofraume der gewesenen Gewehrfabrik befindliche Gebäude in der Alservorstadt übertragen werden. Die erforderlichen Einleitungen sollten so schleunig als möglich mit dem Finanzministerium getroffen werden, jedoch sei das Museum zur vergleichenden Anatomie, dessen Errichtung

---

Da die gebotenen Gegenleistungen von Seite des Unterrichtsministeriums dem Kriegsministerium nicht genügend erschienen, so wollte es die Uebergabe des „ein Eigenthum des gemeinsamen Kriegsministeriums darstellenden Akademiegebäudes" nicht befürworten.

In einem Vortrage vom 1. Juli 1872 bestritt das Unterrichtsministerium das Moment des Eigenthums des gemeinsamen Kriegsministeriums, da es nur eine gemeinsame Verwaltung, aber kein gemeinsames Aerar gebe. Es bat daher um die Ueberlassung des Akademiegebäudes zu Zwecken der Universität, die deren bedarf, wie dies im Jahre 1848 geschehen ist. Diese Bitte wurde jedoch nicht genehmigt, da die Entitäten der Akademie auch nach der im Jahre 1874 erfolgenden gänzlichen Auflösung der Josefsakademie in ihrer bisherigen Gestaltung sich keineswegs als für die Militärverwaltung entbehrlich herausstellen. In Würdigung der dargestellten Verhältnisse wurde jedoch die Benützung einzelner Räumlichkeiten des Akademiegebäudes, der Sammlungen und des botanischen Gartens zu Universitätszwecken, wie dies bereits der Fall war, auch fernerhin zugestanden. — Mit dem Jahre 1875 wurde die Josefsakademie als Unterrichtsanstalt vollständig aufgehoben.

der Kaiser kurz zuvor genehmigt hatte (28. August 1853), vorläufig, bis Vorsorge für dasselbe getroffen ist, im Josefinum zu belassen.

Graf Thun forderte hierauf das Universitätsconsistorium auf (17. Juni 1854), ihm Vorschläge in Betreff des Bauplanes zu machen, wobei jedoch auf Räumlichkeiten für die theologischen Studien und den botanischen Garten nicht Rücksicht zu nehmen wäre, da deren Standort nicht gewechselt werden soll. Eine Hauptfrage bildete, ob die Universitätsbibliothek in dem bestehenden Gebäude belassen oder in Verbindung mit der neuen Universität gebracht werden solle. Es wurden nämlich Gründe für die eine wie für die andere Ansicht geltend gemacht. Die Universität erstattete hierauf am 17. November 1854 Bericht, den wir übergehen können, da er blos dazu diente, das Actenmaterial in der Registratur des Unterrichtsministeriums zu vergrößern.

Vorläufig adaptirte man Räumlichkeiten der ehemaligen Gewehrfabrik, die der medicinischen Studienabtheilung gewidmet wurden, ein großer Theil derselben diente jedoch anderen Zwecken. Daß diese Räumlichkeiten nicht auch nur bescheidenen Wünschen entsprachen, begreift sich von selbst; aber wie so oft war man auch hier in einer Zwangslage und überdies betrachtete man die Angelegenheit als ein Provisorium für kurze Zeit, da der Neubau der Universität eine beschlossene Sache war. Daß dieses Provisorium zwei Jahrzehnte dauern könnte, daran dachte niemand.

Nicht übergehen möchten wir bei dieser Gelegenheit einen Streit, der nicht ohne sachliche Bedeutung ist. Es wurde nämlich damals von betheiligter Seite gewünscht, daß ein Stall für Hunde hergestellt werde, welche das Material zu Vivisectionen geben sollten. Dagegen erhob Professor Hyrtl Einsprache, da er durch das Hundegebell und Geheul nicht gestört sein wollte und vielmehr den Wunsch hegte, daß sein Leben und Wirken in der Sphäre der Ruhe und des Todes möglich gemacht bleibe. Er meinte ferner: „Vielleicht wird man überhaupt bei den geringen Ergebnissen der Vivisection ihrer überdrüssig werden." Wie man weiß, hat sich der berühmte Anatom in der jüngst erschienenen 7. Auflage seines Werkes ebenfalls gegen die Vivisection ausgesprochen. Rokitansky hingegen trat 1869 in einem amtlichen Gutachten für dieselbe ein, da sie dazu diene, „das kranke Leben aufzuklären, um dem kranken Menschen in rationeller Weise zu Hilfe zu kommen". Der Streit wurde übrigens damals beigelegt, da anderweitig für das vorhandene Bedürfniß Vorsorge getroffen wurde.

III.

Bauprojecte.

(Aula. Akademie der Wissenschaften. Universitäts-Sternwarte. Die öffentliche Börse. Die Gewehrfabrik. Jubelfeier der Universität. Der Gemeinderath von Wien.)

Wie wir berichteten, war der Universitätsbau beschlossene Sache, es fragte sich jedoch um den Platz. Diese Frage wurde durch eine kaiserliche Entschließung vom 23. Februar 1856 entschieden, welche dahin gieng, daß die Universität neben der Votivkirche erbaut werden solle. Nun gab Minister Thun Auftrag, daß unverzüglich das Erforderliche hinsichtlich des Universitätsbaues veranlaßt werde.

Im Jahre 1856 wurde auch das Universitätsgebäude, in welchem sich die Aula befand (es trug damals officiell den Namen „Aulakaserne"), seiner definitiven Bestimmung übergeben.

Die politischen und die militärischen Aufregungen hatten sich einzelnweise gedämpft und gesänftigt; man begann den Belagerungszustand, in welchem sich Wien befand, seitdem es durch den Fürsten Windischgrätz „erobert" worden war, milder zu handhaben und ihn schließlich ganz aufzuheben; da und dort in den leitenden Kreisen mag auch die Ansicht zur Geltung gekommen sein, daß die Revolution des Jahres 1848 auch ihr Gutes hatte, und daß Wien noch etwas Anderes als

ein „abfaulender Misthaufen" sei, auch wuchs kein Gras
auf dem Stefansplatze, wie man es verkündigt hatte. Unter
diesen Verhältnissen wurde die Entfaltung einer großen
Militärmacht in der Haupt- und Residenzstadt überflüssig, überdies entstanden neue Kasernen, welche dem vorhandenen Militär
Unterkunft boten. Man konnte daher daran gehen, das
Universitätsgebäude, wenn auch nicht der Alma mater,
doch einer anderen ähnlichen Corporation zu übergeben.

Zu jener Zeit war nämlich die Akademie der Wissenschaften ebenfalls obdachlos. Es waren derselben einige
wenige ihrer nicht würdige Räume im Polytechnicum provi-
sorisch zugetheilt. Es tauchte nun der Gedanke auf, das
sogenannte neue Universitätsgebäude der Akademie der Wissenschaften einzuräumen. Dieser Gedanke erfreute sich umso
mehr des Beifalls, da, wie bekannt, auch die Kaiserin Maria
Theresia, auf deren Befehl dieses Gebäude seinerzeit entstand, die Absicht hatte, eine Akademie der Wissenschaften
ins Leben zu rufen. Einen Moment lang drohte es, als sollte
das Project scheitern. Zu jener Zeit hatte nämlich auch die
Effectenbörse kein eigenes Heim, und die Räumlichkeiten, in
welchen sie sich damals zur Miethe befand, waren gekündigt.
Es drohte ihr daher ebenfalls das Geschick, momentan
obdachlos zu sein, und es wurde der Vorschlag gemacht, zeit-
weilig das Universitätsgebäude, resp. die Aula für die Zwecke
der k. k. Börse zu adaptiren. Dieser Vorschlag erregte berechtigten Unwillen, und eine berufene Stimme ließ sich vernehmen: „Ich muß gestehen, daß die Unterbringung der
öffentlichen Börse gegenüber der Universität und ihrer Kirche
in solcher Weise, daß der zwischen dem fraglichen Gebäude
befindliche Platz den Studirenden und dem großen Theils
eben nicht sehr vertrauenswürdigen Börsenpublikum gleichsam ein gemeinschaftlicher werde, auf welchem tagtäglich das

bewegte Treiben, welches vor dem Börsenlocale stattzufinden pflegt, und das Aus- und Eingehen der Studirenden eintreten müßte, nicht nur sehr unpassend, sondern auch besorgniß-erregend scheint."

Diese Wolke gieng jedoch bald vorüber, da die Börse im Armaturzeughause in der Renngasse, das dann demolirt wurde, Unterkunft fand.

Es wurde hierauf diesfalls ein Vortrag von Seite des Ministers des Innern, in dessen Ressort damals die Akademie gehörte, an den Kaiser erstattet und dieser resolvirte am 16. April 1856, daß das Universitätsgebäude in der innern Stadt, sobald dessen Benützung zu militärischen Zwecken ihr Ende erreicht, spätestens im Monat Mai 1857, bis zu welcher Zeit die neuerbaute Franz Josefs-Kaserne adaptirt werden kann, der Akademie der Wissenschaften als Merkmal der kaiserlichen Gnade eingeräumt werden soll.

Am 3. Jänner 1857 fand hierauf die formelle Uebergabe an die Akademie statt, deren Präsident zu jener Zeit Freiherr v. Baumgartner war, und wurden auch der Gesellschaft der Aerzte, deren Präsident damals Professor Rokitansky war, Räumlichkeiten in dem Gebände angewiesen. Am 30. April 1857 fand die vollständige Räumung der Localitäten von Seite des Militärs statt. Diese wurden nun für die Zwecke der Akademie hergerichtet und die Kosten von fl. 59.000 aus Staatsmitteln bewilligt.

Bevor wir jedoch von diesem Gebäude scheiden, müssen wir noch der Universitäts-Sternwarte gedenken, welche in demselben bis zum Jahre 1879 untergebracht war. Die Unzweckmäßigkeit und Unzulänglichkeit der Localitäten war schon längst constatirt, und schon im Jahre 1820 wurde der Neubau zugesichert. In der That wurden auch im Jahre 1822 der Studienhofcommission Baupläne vorgelegt; doch, wurde weiter nichts veranlaßt. Am 7. Jänner 1847 unterbreitete das Vicedirectorat der philosophischen Studien der Studienhofcommission das vom Lehrkörper der philosophischen Studienabtheilung unterstützte Gesuch des Professors Littrow wegen Neubau einer den heutigen Zuständen der Astronomie in allen Beziehungen zusagenden Sternwarte, mit dem Beifügen, daß ein ähnliches Bedürfniß auch für das Naturaliencabinet, für das chemische Laboratorium ꝛc. bestehe. Dieses Ansuchen blieb unerledigt. Am 2. Jänner 1849 wurde diese Bitte wieder erneuert. Hierauf erwiderte das inzwischen an die Stelle der Studienhofcommission getretene Unterrichtsministerium am 11. April 1849, daß es die ausgesprochenen Ansichten vollkommen theile und rücksichtlich der einzuleitenden Schritte detaillirte Anträge erwarte. Littrow, dem die Sache sehr am Herzen lag, nahm sich viel Mühe, um einen geeigneten Platz ausfindig zu machen, und schlug dann einen zwischen Währing und Hernals vor; doch das Kriegsministerium erklärte, 23. Jänner 1858, diesen Platz aus fortificatorischen Gründen für unzulässig.

Hierauf ruhte die Angelegenheit. Am 13. Februar 1872 urgirte Littrow neuerdings dieselbe. Er wies darauf hin, daß die Umgestaltung des Observatoriums sowohl bezüglich des Locales wie der Ausrüstung von Tag zu Tag unabweislicher werde, da die Einrichtung schon im Jahre 1825 „als allenfalls nothdürftig" bezeichnet wurde. Seit jener Zeit sei jedoch die Wissenschaft wider alles Erwarten nach jeder Richtung vorgeschritten.

Inzwischen hatte das Abgeordnetenhaus eine Resolution gefaßt, in welcher der Bau einer Sternwarte gefordert wurde, auch ein Platz war in Aussicht, zwischen Währing und Weinhaus. Am 22. Juni 1872 lud daher der Minister Stremayr, auf Anrathen des Direktors Littrow, den damaligen

Adjuncten an der Wiener Sternwarte, Professor Dr. Edm. Weiß ein, nach Nordamerika zu reisen und die dortigen vorzüglichen astronomischen Observatorien in Augenschein zu nehmen, um die gemachten Erfahrungen bei dem neuen Gebäude für die Wiener Sternwarte, „das allen Anforderungen vollkommen entsprechen soll", zu verwerthen.

Am 20. Juni 1872 erstattete der Minister den diesbezüglichen Vortrag an den Kaiser, welcher am 24. Juni genehmigt wurde. In Folge eines weiteren Vortrages genehmigte der Kaiser, 14. März 1874, die Herstellung eines eigenen Gebäudes für die Wiener Sternwarte nach dem Projecte des Architekten Ferd. Fellner im Betrage von fl. 550.000, nicht inbegriffen die Auslagen für die innere Einrichtung und wissenschaftliche Ausstattung. Die Kosten für den Baugrund (14.518 ☐Kl.) betrugen fl. 152.500.

Im August 1879 wurde die neue Sternwarte bezogen; Anfangs 1880 nahm man die regelmäßigen Beobachtungen auf; doch ist die innere Einrichtung und Ausrüstung noch nicht vollständig beendet.*)

Wir kehren nun wieder zu unserem Gegenstande zurück und müssen zunächst der „Gewehrfabrik", welche für die Studienabtheilung der medicinischen Wissenschaften eingeräumt war, gedenken. Es dauerte nicht lange, und man überzeugte sich gründlich, daß dieses Gebäude nur ein Nothbehelf sei.

---

*) Ein großer Theil der Instrumente wird in dem Etablissement Grubb in Dublin angefertigt. Wie pünktlich bezüglich der Geldgebahrung bei den einzelnen Centralbehörden vorgegangen wird, mag z. B. Folgendes darthun. Die österreichische Botschaft in London verausgabte 4 Shillings (= fl. 2·04 in Gold) für eine Dienstfahrt anläßlich der Berichtigung einer Rate für den Refractor der neuen Sternwarte, und das Ministerium des Aeußern verabsäumte nicht, den genannten Betrag in einer besonderen Note vom Unterrichtsministerium zu verlangen.

Dasselbe befand sich neben dem ehemaligen Josefstädter Glacis und dem Paradeplatze, welche den Soldaten als Exercirplätze dienten. Im Hause selbst aber gab es auch militärische Exercitien, da sich in demselben die Polizeiwache, bestehend aus beiläufig 230 Mann und einigen Pferden, befanden, und überdies war im zweiten Stockwerke die Kriegsschule.

In einem Promemoria vom 26. December 1857 schilderte Professor Hyrtl die Zustände in der Gewehrfabrik. Er schrieb unter Anderem:

„Das Los der Anatomie, welche die Sprache der Heilkunde ihre Grundwissenschaft nennt, ist in großen und kleinen Städten ein sehr verschiedenes. In den Hauptstädten, wo der Raum theuer und eine dicht gedrängte Bevölkerung an dem Treiben anatomischer Anstalten Anstoß nimmt, werden letztere zur Vermeidung alles Aergernisses nur in abgelegene, an Licht, Luft und Raum ermangelnde Orte verwiesen, während die kleinsten Universitätsstädte Deutschlands, welche nicht mehr Einwohner zählen, als das Wiener Krankenhaus Betten hat, ihnen Paläste bauen.

Einen Aufenthalt im erstern Sinne habe die Wiener Anatomie.

Der Hörsaal ist so finster, daß er bei den Vorlesungen beleuchtet werden muß, und sind die Klagen nicht unberechtigt, daß man auch bei der Beleuchtung nichts sieht. Von den Störungen, welche durch das Exerciren der Soldaten auf dem Glacis und durch die Vorgänge im Hofe der Polizeikaserne entstehen, hat nur der eine Vorstellung, der sie seit Jahren erdulden muß.

Im Secirsaal kann nur bei Gaslicht gearbeitet werden, welches eine solche Hitze entwickelt, daß jede Leiche am zweiten Tage ihrer Zergliederung dem dritten Fäulnißgrade nahe ist.

Das Macerirlocal mit jährlich 50—60 verfaulenden Leichen ist ein unmittelbarer Bestandtheil des Secirsaales und seine Pestatmosphäre die Athmungsluft für das daselbst befindliche Personal.

Das Museum für vergleichende Anatomie ist im zweiten Stock der Kriegsschule untergebracht, wo weder ein Hörsaal noch Arbeitsraum sich befindet, und wird daher diese Sammlung, ein Werk Hyrtl's, nicht benützt."

Es handelte sich nun darum, den schreienden Uebelständen nach Thunlichkeit abzuhelfen, und strebte man darnach, das ganze Gebäude der Gewehrfabrik zum Unterrichte für die medicinischen Disciplinen zu erhalten; aber nun fragte es sich, wohin mit der Militär-Polizeiwache. Die Sache bietet zwar keine große Abwechslung, aber wir glauben doch die massenhaften Verhandlungen über diese Frage kurz skizziren zu sollen.

Am 11. Juni 1858 richtete Graf Thun eine diesbezügliche Note an den Finanzminister, Freiherrn v. Bruck. Dieser antwortete, er sei durchaus nicht in der Lage diesem Wunsche zu entsprechen, da ihm kein Local zur Verfügung stehe, in welchem die Militär-Polizeiwache untergebracht werden könnte; hierauf ruhte die Sache. Nachdem Schmerling am 17. December 1860 Staatsminister wurde, in dessen Ressort auch das Ministerium für Cultus und Unterricht fiel, erließ er das bekannte Rundschreiben, welches den Satz enthielt: „Wissenschaft ist Macht." Die medicinische Facultät wendete sich daher an ihn mit ihren Beschwerden, und bat mit Bezug auf den citirten Spruch den vorhandenen Uebelständen abzuhelfen.*)

---

*) Es wird nicht auffallen, wenn wir sagen, daß unter diesen Verhältnissen manchmal eine gewisse verbitterte Stimmung bei den Professoren Platz griff. Ein Professor klagte geradezu einen ehe-

In der Denkschrift vom 26. März 1861 heißt es: Die botanischen Collegien, sowie die Vorträge über Seuchenlehre und Veterinärpolizei werden auf der Landstraße, erstere im botanischen Garten, letztere im Thierarzneiinstitut gehalten; über Chemie wird im Theresianum, über Mineralogie und Zoologie hingegen in der Stadt gelesen. Die anderen Disciplinen werden in der Gewehrfabrik und im allgemeinen Krankenhause vorgetragen. Um diesem Uebelstande abzuhelfen, möge die Polizeiwache aus der Gewehrfabrik entfernt werden und die von derselben innehabenden Localitäten der medicinischen Facultät eingeräumt werden.

Hierauf urgirte der Staatsminister wiederholt das Finanzministerium, die Militär-Polizeiwache aus der Gewehrfabrik zu entfernen, die Antwort blieb jedoch meritorisch stets dieselbe: Non possumus.

Der Referent in Universitätsangelegenheiten, die den Unterricht betreffen, Freiherr v. Tomaschek, schlug unter diesen Verhältnissen vor, direct einen Vortrag an den Kaiser zu richten, um die Räumung der Gewehrfabrik von der Militär-Polizeiwache zu erwirken. Der damalige Unterstaatssecretär Freiherr v. Helfert, der vielfache Erfahrungen hatte, äußerte sich (31. October 1861): Wenn der Kriegsminister sich verstehen wollte, auch die Kriegsschule aus der Gewehrfabrik zu entfernen, so könnte man Platz für die excentrisch gelegene protestantisch-theologische Facultät gewinnen. „Uebrigens müssen sowohl der Kriegs- als der Polizeiminister sich für diese Uebersiedlungen, um des höhern, wenn auch einem anderen Verwaltungszweige angehörigen

---

maligen Finanzminister an, daß er Staatsmittel vergeudete, indem er unter Anderem eine Papierfabrik erbaute, die man später loszuschlagen suchte, für welche nicht nur ein chemisches Laboratorium, sondern eine ganze Universität hätte gebaut werden können

Zweckes willen, **persönlich** interessiren; wenn die Angelegenheit den gewöhnlichen Weg der Berichterstattung der Meinungsäußerung geht, dürfte an dem bisherigen Stande der Dinge nicht viel geändert werden."

Das Staatsministerium wendete sich hierauf an das Polizei- und an das Kriegsministerium; doch das Polizeiministerium bemerkte, es fehle an Dikasterialgebäuden, und ein Gebäude zu diesem Zwecke zu miethen würde jährlich 4000 fl. kosten. Es sei daher nicht in der Lage, die Militärwache anderswo unterzubringen. Das Polizeiministerium ließ es übrigens nicht an Rathschlägen fehlen. Dasselbe schlug vor, die Porcellanfabrik, die aufgelöst werden sollte, oder das Transporthaus zu benützen. Doch konnte von diesen Vorschlägen kein Gebrauch gemacht werden. Das Kriegsministerium wieder erklärte, es stehe ihm kein Einfluß auf die Polizeiwache zu.

Hierauf wendete sich das Staatsministerium an die Commune Wien, ob etwa ein Communalgebäude zu vermiethen wäre, aber auch von da kam eine abschlägige Antwort.

Nachdem alle Mittel erschöpft waren, erstattete Ritter v. Schmerling über diese Angelegenheit einen Vortrag an den Kaiser (11. Juni 1863), und der Kaiser verschaffte Abhilfe. Wir entnehmen dem Vortrage folgende Sätze:*)

"Die Uebelstände, welche mit der Unterbringung der für Universitätszwecke bestimmten Räumlichkeiten verbunden sind, haben zur Veranlassung gedient, daß bereits mit der allerhöchsten Entschließung vom 7. Mai 1854 und dem allerhöchsten Handschreiben vom 23. Februar 1856 der Neubau eines Universitätsgebäudes, und zwar an der Stelle hinter der Votivkirche angeordnet wurde.

Der Grund der bisherigen Verschiebung dieses Baues

---

*) Archiv des Ministeriums des Innern.

lag zum Theile in den mißlichen Verhältnissen des Staatsschatzes, theils in den Bedenken, welche gegen die Anbringung
eines, die Localitäten für sämmtliche wissenschaftliche Fächer
sammt Bibliothek, Laboratorium, Sammlungen ꝛc. umfassenden und daher in großen Dimensionen gehaltenen
Gebäudes hinter der Votivkirche in architektonischer Beziehung
erhoben wurden.

Bei der Wichtigkeit und Dringlichkeit des Gegenstandes
habe ich nun in wiederholten, unter meiner unmittelbaren
Leitung vorgenommenen Berathungen, unter Intervenirung
des Ministers für innere Verwaltung und des Präsidenten
der Stadterweiterungs-Commission, dann unter Beiziehung
der sonstigen, hiebei betheiligten Organe und hervorragender
Fachmänner, die Wahl des Platzes für einen Universitätsbau
und den hiebei zu beobachtenden Vorgang zur baldigen
Realisirung des Baues einer eindringlichen Erwägung unter-
ziehen lassen.

Es wurde hiebei allerseits anerkannt, daß zur Wahrung
der Einheit und des Zusammenhanges der wissenschaftlichen
Fächer und des Charakters einer Universität, ferner um einer,
der allgemeinen Bildung der Studirenden und dem Besuche
der Vorlesungen abträglichen Zersplitterung der Räumlichkeiten und wissenschaftlichen Hilfsmittel vorzubeugen, es nothwendig sei, die möglichst nahe Vereinigung der für Universitätszwecke bestimmten Gebäude anzustreben.

Von diesen Gedanken geleitet, und nachdem die Vorlesungen über praktische Medicin von der Alservorstadt, wo-
selbst sich das allgemeine Krankenhaus befindet, nicht getrennt
werden können, hat man sich bei diesen Berathungen zeuge
des anverwahrten Protokolles dahin geeinigt, daß das in
der Nähe befindliche, sogenannte Gewehrfabriks-Gebäude, in
welchem dermalen außer einem Theile des Polizeiwach-Corps

und der militärisch-administrativen Lehranstalt, die theoretisch medicinischen Studien untergebracht sind, zu einem in jeder Beziehung entsprechenden, den größten Theil der wissenschaftlichen Fächer aufnehmenden Universitätsgebäude mittelst eines nicht sehr kostspieligen Umbaues hergestellt werden könnte.

Nach den hierüber vorläufig veranlaßten Studien, deren Ergebniß in den ehrerbietigst anverwahrten Linear-Skizzen ersichtlich gemacht ist, könnten auf diesem beiläufig 3000 Quadratklafter umfassenden Raume mittelst eines zweistöckigen Gebäudes die theoretischen medicinischen, juridischen und philosophischen Studien mit Berücksichtigung des ehrerbietigst anverwahrten, dem gegenwärtigen Bedarfe entnommenen Programmes, nebst den Decanatskanzleien und nothwendigen Naturalwohnungen untergebracht werden.

Die Herstellung dieses Umbaues würde, soweit ohne Verfassung eines ordentlichen Kostenüberschlages die Angabe einer Bausumme möglich ist, beiläufig 800.000 fl. erfordern.

Hiedurch wäre vorläufig dem dringendsten Bedarfe entsprochen zumal dieser Umbau sogleich nach Dislocirung der im Gewehrfabriks-Gebäude untergebrachten Branchen, worüber bereits die Verhandlung eingeleitet ist, und zwar durch zweckmäßige Baueintheilung ohne wesentliche Störung der dort befindlichen medicinischen Studien, erfolgen könnte. Für die Unterbringung der theologischen Studien, dann für Repräsentationszwecke, für Consistorialräume, ferner für das physikalische Institut und die damit im Zusammenhange stehenden Vorlesesäle, endlich für das chemische Laboratorium und die Universitätsbibliothek wäre sodann durch Neubauten, und zwar für das chemische Laboratorium und physikalische Institut allenfalls durch zwei abgesonderte und für das Uebrige durch ein drittes Gebäude, auf den in der Nähe der sogenannten Gewehrfabrik befindlichen Stadterweiterungsgründen entsprechende Vorsorge zu treffen und könnte hiezu entweder der hinter der Votivkirche befindliche, wegen der bedeutend verringerten Dimensionen des Neubaues, sodann weniger Bedenken unterliegende Raum, oder einer der Gründe auf der gegenüberliegenden Seite in der Nähe des jetzigen Abgeordnetenhauses verwendet werden, worüber nach Herablangen der allerhöchsten Entschließung die weiteren Verhandlungen und Studien veranlaßt werden sollen.

Die Kosten für Herstellung des Universitätsgebäudes würden, nachdem es sich um keine Local- oder Landes-, sondern um eine Reichsanstalt handelt, und die gewöhnlichen Mittel des niederösterreichischen Studienfondes diesen Auslagen nicht gewachsen sind, selbstverständlich den Staatsschatz treffen, in welchem Sinne sich auch in der allgemeinen Ministerconferenz ausgesprochen wurde."

Hierauf erfolgte die kaiserliche Entschließung vom 24. Juni 1863 des Inhaltes, daß die Gewehrfabrik von der Militär-Polizeiwache geräumt werde, zugleich aber heißt es in dieser Resolution:

Die Gewehrfabrik ist in der Weise umzubauen und für Universitätszwecke einzurichten, daß dieses Gebäude die drei weltlichen Facultäten und die sämmtlichen mit dem Unterrichte in Verbindung stehenden Sammlungen enthalten soll. Hingegen sollen in einem besonderen Neubau die in der umgebauten Gewehrfabrik nicht unterzubringenden Studienabtheilungen, insbesondere die theologische Facultät, ferner das Consistorium und die Universitätsbibliothek untergebracht werden

In Folge dieser Resolution wurde die kaiserliche Entschließung vom 29. Februar 1856, die wir oben S. 35 citirten, hinfällig; aber auch die eben angeführte war noch nicht das letzte Wort. Der Grundfehler in dieser Frage war: es gehörte zu den Obliegenheiten des Stadterweiterungsfondes, öffentliche Gebäude herzustellen; doch wurde unter diese Gebäude die Universität nicht aufgenommen. Man tastete daher hin und her, um einen Standort für die Universität zu finden. Wir wollen annehmen, daß der damalige Minister des Innern, Freiherr v. Bach, der den Vortrag bezüglich der Stadterweiterung dem Kaiser unterbreitete, nicht vorsätzlich die Universität übergangen habe.

Während dieser Zeit des Ringens und Kämpfens um den Nothbehelf, die Gewehrfabrik, hatte jedoch die Frage wegen des Universitätsbaues nicht geruht, und wir wollen den Verlauf derselben schildern. Entsprechend der kaiserlichen Entschließung vom 26. Februar 1856 wurden die Architekten van der Nüll und Siccardsburg eingeladen, die Pläne sammt dem betreffenden Kostenaufwande vorzulegen. Das zur Verfügung gestellte Terrain war kein günstiges. Die Herren waren jedoch redlich bemüht, den künstlerischen Anforderungen bei einem derartigen Bau gerecht zu werden. Da man auch für die Akademie der bildenden Künste ein Heim schaffen wollte, so entwarfen sie den Plan derart, daß die Universität, welche in einer gebrochenen Linie den Hintergrund der Votivkirche geben sollte, einen Mitteltract und zwei Seitenflügel bildete; einer dieser Seitenflügel war für die Akademie der bildenden Künste und der andere für die Bibliothek in Aussicht genommen.

Bezüglich des Kostenüberschlages und der auf den Bau zu verwendenden Zeit haben wir folgende Daten zu geben: die zu verbauende Fläche betrug 1790☐°

à fl. 1000 . . . . fl. 1.790.000
für das Bibliotheksgebäude 1104☐° à fl. 860 „ 883.200
für das physikalische Institut 322☐° à fl. 650 „ 193.200
Adaption des chemischen Laboratoriums . . „ 80.000
Summe fl. 2.946.400

Sollte das Akademiegebäude mit einbezogen werden, so wurden die Kosten auf fl. 3,829.600 veranschlagt. Der Bau wäre auf sechs Jahre zu vertheilen und wären daher für die Universität jährlich fl. 491.066 zu verausgaben. Falls jedoch das Akademiegebäude mit einbezogen wird, so würde der Bau acht Jahre in Anspruch nehmen.

Am 8. September 1857 überreichten die Herren van der Nüll und Siccardsburg das Elaborat sammt den diesbezüglichen Plänen dem Minister. Dasselbe wurde geprüft und begutachtet, und so kam es, daß Graf Thun erst am 11. August 1858, fast ein Jahr hernach, den Bauplan sammt Ueberschlägen dem Finanzministerium überschickte, das die Mittel für den Bau herbeischaffen sollte. Da keine Antwort kam, so urgirte Graf Thun am 26. Jänner 1859 die Angelegenheit. Er setzte die Dringlichkeit und Nothwendigkeit des Universitätsbaues im Allgemeinen auseinander und wies ferner darauf hin, daß das chemische Laboratorium nicht mehr im Theresianum, wo es, wie bereits bemerkt, damals untergebracht war, verbleiben könne. Es sei auch nothwendig, für das physikalische Institut eine bleibende Unterkunft zu verschaffen, da der Miethvertrag in dem Locale zu Erdberg, wo es damals war, zu Ende gehe. Schließlich wies er darauf hin, daß die Universität im Jahre 1865 die fünfhundertjährige Jubelfeier ihres Bestandes begehen werde, und da wäre es doch ihrer nicht würdig, wenn sie bis zu jener Zeit nicht ihr eigenes Heim hätte.

Inzwischen hatte sich jedoch der politische Horizont nicht nur verdüstert sondern ganz verdunkelt; der Kriegsmantel hieng blutig herunter. Wie man nämlich weiß, erfolgte am Neujahrstage 1859 der Gruß Napoleons an den österreichischen Botschafter Freiherrn v. Hübner, welcher den Krieg in sichere Aussicht stellte. Der Finanzminister Freiherr v. Bruck bemerkte daher in seiner Zuschrift vom 30. Jänner, er habe die Antwort verschoben, weil er die allerhöchste Entschließung bezüglich der Stadterweiterung abwarten wollte, da diese immerhin geeignet sein könnte, auf das dermals vorliegende Bauproject, namentlich was die Wahl des Platzes betrifft, einen Einfluß zu Gunsten des vorschwebendes Zweckes auszuüben. Dieses war jedoch blos die Einleitung. Hierauf folgte der eigentliche Kernpunkt. Die Vertagung dieser Frage müsse auch als höchst wünschenswerth bezeichnet werden, weil unter den gegenwärtigen staatsfinanziellen Verhältnissen die so namhaften Geldmittel nicht leicht aufgewendet werden könnten, die mit der beabsichtigten Bauführung verbunden sein werden.

Und allerdings war zu jener Zeit nicht der geeignete Moment vorhanden, in welchem Oesterreich neue finanzielle Verpflichtungen übernehmen konnte, da der bevorstehende Krieg den Staatscredit auf das tiefste erschüttert hatte. Doch der Krieg gieng vorüber, der Friede kehrte wieder ein, und am 12. April 1861 richtete der kurz zuvor ernannte Staatsminister v. Schmerling eine Note an den Finanzminister v. Plener des Inhaltes, daß es Zeit wäre, die Verhandlungen wegen des Neubaues der Universität aufzunehmen. Dies geschah auch, und sie führten schließlich zu dem Vortrag vom 11. Jänner 1863, in welchem hervorgehoben wurde, daß die mißlichen Verhältnisse des Staatsschatzes und architektonische Bedenken die Unterbringung sämmtlicher nothwendigen Localitäten und Institute auf dem hinter der Votivkirche für die Universität bestimmten Platze unmöglich machen, in Folge dessen die bereits citirte kaiserliche Entschließung vom 24. Juni erfolgte.

Diese Resolution hatte jedoch blos die praktische Folge, daß das ganze Gebäude der Gewehrfabrik, so weit man dessen bedurfte, für die medicinische Facultät verwendet werden konnte.

In Universitätskreisen war man jedoch nicht damit einverstanden, daß bei der Wahl des Standortes nicht die Vereinigung aller vier Facultäten ins Auge gefaßt wurde, „welche die Würde der Universität wahrt und die Studienzwecke fördert!"

Es fanden hierauf Berathungen im Ministerium statt und wurde in einer Enquête von Fachmännern am 23. Juli 1863 berathen, was mit der Universitätsbibliothek zu geschehen hätte. Es standen sich zwei Ansichten gegenüber. Die eine gieng dahin, es sei eine Verschwendung, zwei große, öffentliche Bibliotheken (die Universitäts- und die Hofbibliothek), die sich gegenseitig Concurrenz machen, aus öffentlichen Mitteln zu erhalten. Die Universitätsbibliothek möge daher in statu quo als **Studentenbibliothek** bleiben und die Nachschaffungen sollen nur nach den Bedürfnissen der Studirenden erfolgen; die Professoren hingegen sollen mit ihren Bedürfnissen an die Hofbibliothek gewiesen und ihnen die Rechte der Mitglieder der Akademie der Wissenschaften eingeräumt werden. Die andere Ansicht gieng dahin, daß dies nur dann geschehen könnte, wenn die Hofbibliothek als **Staatsbibliothek** erklärt würde. Allerdings bestehen auch in Berlin und in München, auf welche Städte hingewiesen worden war, nur je eine Bibliothek; aber sie sind eben Staatsbibliotheken. Die Universitäts- und die Hofbibliothek machen sich überdies keine Concurrenz, sie ergänzen sich vielmehr gegenseitig.*)

Vorgreifend fügen wir hinzu, daß auch später im Jahre 1875 eine Controverse bezüglich des Standortes der

---

*) Bei dieser Enquête waren anwesend: Die Herren Ministerialräthe und nachmaligen Sectionschefs Freiherr von Tomaschek und Heider, ferner die Herren J. Diemer, Vorstand der Universitätsbibliothek, Ernst Birk, damals Custos, jetzt Vorstand der Hofbibliothek, und Professor Franz Pfeiffer.

Universitätsbibliothek entstanden ist, und machte sich die Ansicht geltend, die Universitätsbibliothek an ihrem jetzigen Standorte zu belassen, im Neubaue aber eine zum Gebrauche der Wiener Universitätsangehörigen dienende neue Bibliothek einzurichten. Doch der akademische Senat erklärte sich einstimmig auf Grund des Gutachtens der Bibliothekscommission gegen diese Anschauung, denn „mehr als jedes andere Institut gehört die Bibliothek, welche rechtmäßiges Eigenthum der Universität sei (vgl. Aschbach und Kink a. m. O.), in das Universitätsgebäude".

Die gedachte Enquête hatte zunächst weiter keinen Zweck. Inzwischen aber rückte der Zeitpunkt der Jubelfeier der Universität immer näher. Da wendete sich in Abwesenheit des Bürgermeisters von Wien dessen Stellvertreter Dr. Meyerhofer mit einer Zuschrift am 31. Juli an den Staatsminister. In derselben heißt es: Das Herannahen der Jubelfeier der Universität legt dem Gemeinderathe die Pflicht auf, seiner von der gesammten Bevölkerung Wiens getheilten Ueberzeugung Worte zu leihen, daß die Sicherstellung eines großartigen monumentalen Gesammtbaues für alle Theile und Anstalten der Hochschule ein wesentliches Moment der Festfeier sein werde.

Fast möchten wir sagen faute de mieux, da es an Geldmitteln fehlte, und man an die citirte kaiserliche Resolution vom 24. Juni 1863 gebunden war, ersuchte Ritter v. Schmerling den Rector Professor Hyrtl am 17. October und dann am 1. December 1864 ihm neuerlich auf Grund der vorhandenen Bedürfnisse Vorschläge bezüglich des Universitätsbaues zu machen.

Wieder wurden Vorschläge gemacht und vereinigten sich die Wünsche aller Facultäten dahin, daß sie in Einem Gebäude vereinigt seien. Rokitansky als Referent für

Medicinalangelegenheiten schloß sich lebhaft diesem Wunsche an (3. April 1865) „im Interesse der universellen Bildung der Studirenden und in dem schreienden Bedürfniß der Nähe der naturhistorischen und physikalischen Fächer insbesondere".

Am 25. April 1865 eröffnete hierauf der Staatsminister Schmerling dem Rector, daß den Wünschen des Lehrkörpers entsprochen werden solle, und damit schloß vorläufig diese Angelegenheit. Als die fünfhundertjährige Jubelfeier der Universität stattfand, war Schmerling nicht mehr Staatsminister, denn das ganze Ministerium, unter dem Präsidium des Erzherzogs Rainer, hatte am 27. Juni seine Demission gegeben. Es kam nun das Ministerium Belcredi und dann der Krieg gegen Preußen. Am 7. Februar 1867 entstand das sogenannte Uebergangsministerium unter der Präsidentschaft des nachmaligen Grafen Beust und am 27. Juni wurde Freiherr von Hye zum Justizminister ernannt und mit der Leitung des Ministeriums für Cultus und Unterricht betraut. Nur kurze Zeit war Baron Hye mit der Leitung dieses Ministeriums beauftragt (bis zum 30. December); aber er war bestrebt, diese kurze Spanne Zeit so gut als möglich auszunützen. Er suchte sich zunächst mit dem Ministerium des Innern und dem Finanzministerium auseinanderzusetzen. In der betreffenden Zuschrift heißt es: „Es muß der größte Werth darauf gelegt werden, daß die Wiener Hochschule so bald als möglich ein Gebäude erhalte." Der damalige Minister des Innern, Graf Taaffe, erklärte am 2. August 1867, daß er im Allgemeinen nicht dagegen wäre, bei Seiner Majestät die Ueberlassung des Bauplatzes hinter der Votivkirche oder in der Gegend des jetzigen Abgeordnetenhauses für die Universität in Antrag zu bringen.

In der Zuschrift des Finanzministers Becke vom 12. September 1867 hieß es:

Es muß der größte Werth darauf gelegt werden, daß die Wiener Hochschule zwar ein würdiges Gebäude erhalte, daß aber jeder übertriebene Luxus bei Herstellung desselben vermieden, jedenfalls aber dafür gesorgt werde, daß in das neu aufzuführende Gebäude sämmtliche, zu den verschiedenen Facultäten der Universität gehörigen Abtheilungen ohne Ausnahme entsprechend untergebracht werden.

Nun richtete neuerdings Hye am 24. September ein Schreiben an den Rector, in welchem er ihn ersuchte, ihm die desideria der Universität mitzutheilen. Ein Passus dieses Schreibens lautet:

„... Ich wünsche vielmehr, daß bei einer solchen in das Mark und Leben der Universität so tief eingreifenden, ihr Gedeihen auf eine lange Reihe von Jahren, vielleicht von Jahrhunderten hinaus bedingenden Frage, wie es die vorliegende ist, die autonomen akademischen Behörden ihre Erfahrungen und ihre gerechten Anforderungen in jeder Beziehung zur vollsten Geltung bringen."

Während diese vorbereitenden Schritte gemacht wurden, traf beim Unterrichtsministerium die Mittheilung des Ministeriums des Innern vom 7. October 1867 ein, daß die kaiserliche Entschließung vom 24. Juni 1863 (siehe oben S. 46) nach welcher der Stadterweiterungsfond die Kosten des Universitätsbaues vorschußweise zu leisten habe, unter den geänderten Verhältnissen (es waren damals die Nachwehen des Krieges noch nicht überwunden, und wurden wenig Bauplätze gekauft, es fehlte daher an Mitteln) nicht zur Geltung gelangen könne. Es könnte daher wohl ein Zuschuß, aber nicht die Mittel zum Baue gewährt werden.

Baron Hye ließ sich von dieser Mittheilung nicht irre machen. Er gab Auftrag, Umschau in Wien zu halten, wo Plätze leer sind, auf welchen das Universitätsgebäude aufgeführt werden könnte, oder Häuser zu ermitteln, die zu dem Zwecke angekauft werden sollten, um an deren Stelle die Wiener Hochschule zu erbauen. Die Auswahl war keine große. Nachdem er einen Ueberblick über die Verhältnisse gewonnen hatte, erstattete er am 15. December 1867 Vortrag an den Kaiser. In demselben hob er hervor, daß die Universität in ihrem diesfälligen Gutachten von dem Principe ausgieng, bei der Wahl des Standortes die Vereinigung aller vier Facultäten ins Auge zu fassen, welches die Würde der Universität wahrt und die Studienzwecke fördert. Er fuhr dann fort:

Gegen die Gruppirung mehrerer Gebäude der Universität in der unmittelbarsten Nähe der Votivkirche werden mehrere Bedenken rege. Das Universitätsgebäude würde immer als Bauwerk neben der Votivkirche den zweiten Platz einnehmen, und doch wäre es der Würde der Hochschule entsprechend, wenn sie auch als Bauobject dominirend wirkte. Zwei großartige Bauobjecte neben einander schwächen überdies gegenseitig ihre Wirkung ab. Auch werde das Glockengeläute während der Vorlesestunden stören.

Die Gewehrfabrik wäre daher geeigneter, wenn derselben einige Parcellen in der nächsten Nähe zugewiesen würden. Wenn auch dadurch den zur Veräußerung bestimmten Stadterweiterungsgründen ein Abbruch zugemuthet wird, so dürfte die Förderung der künftigen großartigen Entfaltung des ersten und wichtigsten wissenschaftlichen Institutes des Kaiserstaates und dessen Unterbringung auf Jahrhunderte hin eines solchen Opfers werth erachtet werden.

Am 15. December erstattete Hye, wie wir berichteten, den Vortrag und Tags darauf, am 16., erledigte ihn der Kaiser im Sinne der Ministers. Der resolvirte Vortrag gelangte aus der Cabinetskanzlei des Kaisers zurück an den Minister, und zwar in das Abgeordnetenhaus, wo eben eine

Sitzung stattfand. Der Abgeordnete Roser und Genossen interpellirten wegen des Universitätsbaues, und Hye war in der angenehmen Lage sie sofort mit Berufung auf die eben erhaltene kaiserliche Resolution zu beantworten, und das ganze Haus klatschte Beifall.

Doch kam auch dieser Plan nicht zu Stande. Hye hatte nämlich unter den vorhandenen möglichen Standorten den besten ausgesucht. Er war relativ, aber nicht absolut der beste, und man strebte für die Universität das absolut Beste an, und noch hoffte man dieses Ziel zu erreichen. In der That sollte diese Hoffnung nicht getäuscht werden. Die Vereinsbank brachte nämlich beim Kriegsministerium ein Offert bezüglich des Paradeplatzes ein und das Kriegsministerium erbat hierauf beim Kaiser, es möge die principielle Bewilligung zur Auflassung und zum Verkaufe des Paradeplatzes ausgesprochen werden. Mittelst Resolution vom 17. August 1868 wurde diesem Antrage Folge gegeben. Noch bevor diese Verhandlung im Zuge war, brachte der Gemeinderath Gerold in der Gemeinderathssitzung vom 8. November 1867 „den für die Wissenschaft und die Ehre Oesterreichs unerläßlichen Universitätsbau" zur Sprache und empfahl in erster Linie den Paradeplatz. Auch die Gemeinderäthe Schrank und Hügel befürworteten den Paradeplatz mit dem Beifügen, daß der ersten Universität des Reiches der schönste Bauplatz gebühre und daß auf dem Paradeplatz ein großes harmonisch zusammenhängendes Gebäude, wie es die Wissenschaft und der Kunstgeschmack der Residenz verlangen, aufgebaut werde.

Die Universität stellte hierauf ihrerseits (27. October 1868) die gleiche Bitte unter Wahrung der bereits erworbenen Rechte.

Eine Bauarea für die Universität auf dem Paradeplatz zu erlangen war jedoch nicht leicht oder sagen wir schwer.

Dazu kam noch, daß damals, als Oesterreich in der staatlichen Neuorganisation begriffen war, Minister kamen und giengen. Die Frage wurde daher erst im Jahre 1870 wieder aufgenommen, als Herr v. Stremayr Minister für Cultus und Unterricht wurde. Dieser richtete am 25. März 1870 eine Zuschrift an den Minister des Innern Grafen Taaffe, in welcher es hieß:

„Da ich nun dem Andrängen der Universität, deren Geduld durch 26jähriges Zuwarten und Verhandeln allerdings auf eine harte Probe gestellt ist, nicht länger zu widerstehen vermag, und wenn nicht bald Erhebliches geschieht, außer Stande bin, den Andrang der sich allgemein immer lauter kundgebenden wohlberechtigten Wünsche aufzuhalten, so fragt es sich, ob nicht sofort der Paradeplatz dafür zu acquiriren wäre."

Wenn der Minister in dieser Zuschrift hervorhob, er könne dem Andrängen der Universität nicht länger widerstehen, so war das nicht blos eine Phrase, um den Minister des Innern für die Sache zu stimmen; die Universität und speciell die medicinische Facultät drängten thatsächlich. Kurz zuvor war nämlich eine Broschüre anonym erschien, welche den Titel hatte: „Der medicinische Unterricht an der Wiener Hochschule und seine Gebrechen." Diese Broschüre war „suaviter in modo fortiter in re" geschrieben und wirkte darum der Klage- und Schmerzensruf desto nachdrücklicher. Die medicinische Facultät, aufgefordert, ihre Meinung über die genannte Broschüre zu äußern, sprach sich am 17. Jänner 1870 dahin aus, daß die gerügten Gebrechen dem Professorencollegium wohl bekannt sind, weshalb es auch wiederholt den Neubau der Universität befürwortet habe. Es sei eine Ueberfülle an Studirenden vorhanden; zu viel Hörer, zu wenig Lehrer und zu wenig Lehrinstitute. In dem Gutachten heißt es ferner:

„Es ist gewiß, daß in unserem Staate zu wenig allgemein zugängliche Hochschulen bestehen, und es ist im hohen Grade zu bedauern, daß die nationale Umwandlung einiger Hochschulen diesen Uebelstand in letzter Zeit noch steigerte. Zumal hat die Magyarisirung der Pester medicinischen Facultät zu der herrschenden Ueberfüllung der Hörsäle in Wien das Meiste beigetragen." *)

---

*) Um dem Uebelstande der Ueberfüllung abzuhelfen, wurde unter Anderem die Erhöhung der Collegiengelder empfohlen. Es ist hier nicht der Ort weiter auf diese Frage einzugehen; es sei uns jedoch gestattet, aus den diesbezüglichen Voten zweier Leuchten der Wissenschaft Einiges anzuführen.

In dem einen lesen wir:

Nach dem Grundsatze: Gesetze werden nicht zum Vortheile Einzelner, sondern zum Besten des Ganzen gegeben, kann die Regierung die Disciplinen, welche zur allgemeinen Bildung dienen, bis zu einem gewissen Grade für Arme und Reiche gleich zugänglich machen. Auf die sogenannten Brodstudien hat die Regierung blos insoweit Rücksicht zu nehmen, als sie den Zwecken des Staates dienen. Wenn genug Aerzte sind, so sei keine Ursache mehr, das medicinische Studium wohlfeil zu machen und zu erhalten. Und in der That befinde sich Oesterreich in solchem Falle. Das Unterrichten in Schulgegenständen u. dgl. ist für die Studirenden der Medicin so beeinträchtigend wie der Müßiggang, ja jenes macht geradezu unfähig zu intensiver Arbeit.

In dem anderen Votum heißt es:

Weit entfernt den ungewöhnlichen Zudrang von Medicinern an der Wiener Universität als nicht beachtenswerth ansehen zu wollen, darf man sich doch nicht verhehlen, daß dieser Zudrang bei weitem nicht durchweg auf Rechnung der Vorzüglichkeit der Wiener Lehrkräfte und Institute zu bringen ist, sondern zum guten Theile begründet ist in dem leichten Fortkommen, welches arme Studirende in Wien durch Unterstützung und Verdienst durch Lectionen finden. Ein Beweis unter anderen dafür ist, daß der Fleiß und das Bestreben nach Ausnützung des in ausgezeichneter Qualität und großer

Wie aus dieser Darstellung hervorgeht, wurde der Unterrichtsminister thatsächlich gedrängt, und er drängte weiter. Hiezu kam noch etwas Anderes. Am 11. April 1870 wendete sich der Bürgermeister Dr. C. Felder im Namen des Gemeinderathes an den Kaiser, um für das Rathhaus einen anderen Platz als den bis dahin für denselben auf den Erweiterungsgründen bestimmten (auf dem ehemaligen Wasserglacis, wo jetzt das Stadttheater ist) zu erlangen. Dem Gesuche war ein Parcellirungsplan des Paradeplatzes vom Dombaumeister Schmidt beigegeben, auf welchem auch ein Platz für die Universität in Aussicht genommen war. Der Kaiser übergab dieses Gesuch dem Minister des Innern zur Begutachtung und Berichterstattung.*)

Graf Taaffe befürwortete unter anderem, der Universität eine Bauarea auf dem Paradeplatze zu überlassen. Dieser Vortrag wurde mittelst kaiserlicher Entschließung vom 11. Juni 1870 genehmigt. Die Universität erhielt nun einen Baugrund von 5950 Quadratklaftern, und war es gestattet, denselben sofort für die ihr früher vorbehaltenen Baugruppen in Besitz zu nehmen.

Minister v. Stremayr dankte hierauf dem Kaiser am 20. Juli 1870 für den der Universität zugewiesenen Bauplatz und berichtete:

Das neue Universitätsgebäude wird alle akademischen Behörden und Hilfsämter, sowie die gesammte theologische, rechts- und staatswissenschaftliche Facultät, dann den größten Theil der medicinischen Facultät sammt der Universitäts-

Masse Gebotenen nicht von der Art sind, wie man sie erwarten sollte — wofür ein gegentheiliges Beispiel die hieher kommenden Ausländer geben. Eine Besserung ist wohl nur durch ernstere praktisch gehandhabte Rigorosen zu erreichen.

*) Archiv des Ministeriums des Innern.

bibliothek umfassen. Dagegen können die aus sanitären und didaktischen Gründen bei allen neueren Universitäten des In- und Auslandes vom Hauptgebäude getrennten Institute der Anatomie, Zootomie, Physiologie, Chemie u. s. w. darin nicht untergebracht und soll für diese Disciplinen, wie für Histologie u. s. w. das Gewehrfabriksgebäude verwendet werden.

IV.

Der Neubau.

(Architekt Ferstel. Kostenüberschlag. Die evangelisch-theologische Facultät. Der katholische Charakter der Wiener Universität. Das Universitätsgesetz. Akademische Lesevereine.)

Nach langjährigen Mühen und den mannigfaltigsten Versuchen war endlich der geeignete Bauplatz für die Wiener Universität gefunden.

Bezüglich der Kosten glaubte man mit rund vier Millionen Gulden das Auskommen zu finden. Die Bauarea betrug, wie erwähnt, 5950 Quadrat-Klafter (die nördliche und südliche Seite je 70 Klafter und die östliche und westliche je 85 Klafter), 1750 Quadrat-Klafter waren für die Höfe in Aussicht genommen. Es blieben daher 4200 Quadrat-Klafter zu verbauen, die Klafter zu circa 1000 fl. berechnet, ergab eine Gesammtsumme von 4,200.000 fl. Wie wir sofort hinzufügen wollen, wurden, nachdem der Kaiser am 25. Juli diesen Vortrag billigend zur Kenntniß genommen hatte, zum ersten Male 250.000 fl. für den Wiener Universitätsbau in das Budget pro 1871 eingestellt.

Am 7. Jänner 1871 wurde die Bauarea von Seite des Stadterweiterungsfondes dem Stellvertreter des Ministers für Cultus und Unterricht, Herrn Ministerialrath Josef Ritter v. Krumhaar, als Referenten für den Universitätsbau, im Beisein der Vertreter der Universität, des Rectors Herrn Professors **Seback** und des Prorectors Herrn Professors **Littrow** übergeben.

Wie wir früher berichteten, waren für den Umbau der Gewehrfabrik die Architekten **van der Nüll und Siccardsburg** in Aussicht genommen. Da diese jedoch zu jener Zeit mit dem Bau des Opernhauses beschäftigt waren, so konnte man nicht auf sie reflectiren, und wurde der Architekt **Ferstel** schon am 28. Jänner 1868 mittelst Decret zum ständigen Mitgliede des Universitätsbau-Comité's bestellt und mit allen Vorarbeiten betraut. Anfangs Jänner 1871 gieng **Ferstel** nach Italien mit dem Reiseziel Rom, um weitere Studien bezüglich des Universitätsbaues zu machen. Nachdem er nach etwa drei Monaten zurückgekehrt war, legte er das Bauproject vor, welches Professor **Semper** zur Begutachtung übergeben wurde, der mit dem Plane bis auf einige Modificationen einverstanden war, welches auch dann in der von **Semper** amendirten Weise am 29. Juli vom Kaiser genehmigt wurde.

Wie wir jedoch ergänzend hinzufügen wollen, hatte der Plan **Ferstel's** die Opposition der Naturforscher an der Universität hervorgerufen. Mehrere derselben bemerkten diesfalls, 4. August 1871:

Wenn die Bauart der italienischen Universitäten von Allen bewundert wird, so liegt darin gewiß ein großer Ruhm, wenn dies bei uns überboten wird. Aber jene Bauten hatten nicht den Erfolg, die Naturwissenschaften gefördert zu haben. Diese blühen ganz wo anders, die Universitäten zu Berlin und München, das Polytechnicum zu Zürich, das Collège de France zu Paris, das Kings College zu London sind Gebäude, in welchen die exacte Wissenschaft sich wohl fühlen kann. Wenige Stockwerke von gleicher Höhe, mehrere, aber größere Höfe, ganz gerade Linien, passen für nüchterne Anforderungen.

Einer der Professoren meinte sogar, ein einziger großer Hof würde nur den Studenten Gelegenheit zu Zusammenrottungen geben, die sie auf offener Straße nicht versuchen.

Diese Bemerkungen wurden gegenstandslos, nachdem man den Beschluß faßte, ein besonderes physikalisches Institut, welches seinerzeit, wenn das neue Parlamentsgebäude vollendet sein, neben dem chemischen Institute erbaut werden wird, zu errichten.

Wir haben oben das Kostenpräliminare angegeben, welches für den Universitätsbau aufgestellt wurde. Dies war jedoch nur eine beiläufige Summe, denn der Architekt, Herr Oberbaurath Professor Freiherr v. Ferstel erklärte, er sei nicht sofort in der Lage, im Vorhinein die Summe zu bestimmen. Im Mai 1874 machte er jedoch einen Ueberschlag, in welchem er die Auslagen auf beiläufig acht Millionen Gulden bezifferte, und wenn noch die anderen Auslagen, für Bauleitung x. hinzugerechnet werden, so würde sich die Gesammtsumme auf zehn Millionen belaufen. Es wurde jedoch diese Summe dann auf sieben Millionen, mit inbegriffen einen Reservefond für unvorhergesehene Fälle, reducirt.

Während jedoch bei den früheren Verhandlungen wiederholt in Aussicht genommen war (s. oben S. 33 und 46), die katholisch-theologische Facultät außerhalb des Universitätsgebäudes unterzubringen, erfuhr der am 29. Juli 1872 genehmigte Plan dahin eine Correctur, daß nun auch die evangelisch-theologische Facultät unter einem Dache mit den anderen Facultäten sein wird. Es erscheint uns um so angemessener, den Verlauf dieser Verhandlungen zu schildern, da sie eine wichtige Principienfrage involviren.

Die evangelisch-theologische Facultät in Wien entstand in Folge kaiserl. Entschließungen vom 7. August und 25. September 1819. (Feierlich eröffnet wurde sie am 2. April 1821.) *)

Sie sollte jedoch „getrennt von der Universität" sein. Als man die philosophische Facultät im Jahre 1826 ins Barbarastift verlegen wollte, dachte man auch daran, die evangelisch-theologische Facultät in diesem Gebäude unterzubringen, was der Kaiser jedoch nicht zugeben wollte. (S. oben S. 3.) Diese Facultät stand daher abseits von der Universität, und es ist begreiflich, daß sie nach Gleichberechtigung mit den anderen Facultäten strebte. Dagegen stand jedoch die Ansicht oder sagen wir die Ueberzeugung, daß die Wiener Universität auf Grund der Stiftbriefe einen katholischen Charakter habe. Graf Thun, welcher wiederholt bei verschiedenen Gelegenheiten und in mehreren allerunterthänigsten Vorträgen die Ansicht vertrat, daß die Wiener Universität im Laufe der Zeit ausschließlich eine Staatsanstalt geworden sei, hielt nichtsdestoweniger an dem Gedanken fest, daß sie den katholischen Charakter habe. Aber nicht blos Graf Thun hatte diese Ansicht, die erleuchtetsten Männer an der Wiener Universität theilten sie. Als das Professorencollegium der philosophischen Facultät Professor Bonitz, der Protestant war, zum Decan für das Studienjahr 1851/2 wählte, erhob zunächst das Doctorencollegium

---

*) Der Kaiser hatte nämlich mittelst Handschreiben vom 2. April 1817 an den Grafen Ugarte seinen Willen ausgesprochen, eine derartige Anstalt ins Leben zu rufen. Die Sache verzögerte sich jedoch, und erst als das Polizeipräsidium, April 1819, die Haus-, Hof- und Staatskanzlei darauf aufmerksam machte, daß es „vor der Hand" zu verhindern wäre, daß Oesterreicher im Auslande studiren, kam sie wieder in Fluß.

der theologischen Facultät Protest dagegen, und diesem Proteste schloß sich das gesammte Universitäts-Consistorium bis auf eine Stimme an. Referent war — Dr. Mühlfeld (vergl. Zeitschrift für die gesammte katholische Theologie, II. Band, S. 500 u. s. w.). Während die Professoren die Macht der Doctorencollegien (über welche wir an einem anderen Orte sprechen werden), die sich in ihren Aeußerungen auf das Corporationsrecht der Universität beriefen, und mit Hinweisung auf die alten Stiftungen und Privilegiumsurkunden, die Universität als eine geistliche Stiftung darstellten, brechen wollten, erkannten sie selbst den katholischen Charakter der Universität an und wollten von demselben nicht lassen.

In der Sitzung des Universitäts-Consistoriums (eigenthümlich genug führte der akademische Senat den Titel Consistorium) vom 28. Juni 1853 beanspruchte dasselbe für die Wiener Universität unter anderen folgende Rechte: Den Rang der Universität als einer geistlichen Corporation mit dem Rechte der niederösterreichischen Landstandschaft und dem Sitze des Rectors auf der Prälatenbank; ferner die feierliche Begleitung bei der Frohnleichnamsprocession von Seite der Universitätsdignitäre und überhaupt Repräsentation der Universität durch dieselbe bei anderen feierlichen Gelegenheiten und kirchlichen Festen. *)

Es ist selbstverständlich, daß unter diesen Verhältnissen und insbesondere nachdem das Concordat mit dem heiligen Stuhle abgeschlossen worden war, die Protestanten nicht daran denken konnten, die Gleichstellung ihrer theologischen Facultät mit den anderen Facultäten resp. deren Einverleibung in die Universität zu erwirken. Nachdem jedoch nach der Schlacht

---

*) Ueber die Rechte der Universitäten in früherer Zeit im Allgemeinen, vergl. Buß: „Unterschied der katholischen und protestantischen Universitäten Deutschlands." S. 64.

von Solferino für Oesterreich eine neue Aera begann, fieng die protestantische Facultät sich wider zu rühren an. Am 10 Juni 1861 wendete sie sich an den Staatsminister Schmerling mit der Bitte um Aufnahme derselben in die Universität. Sie wies darauf hin, daß man ihre diesbezüglichen Petita in den Jahren 1848 und 1850 *) nicht aus principiellen Gründen abgelehnt habe. Jetzt aber sprechen zwingende Gründe dafür, und da die staatsrechtlichen Grundlagen der Gesetzgebung sich in Oesterreich geändert haben, so lassen sie die Einverleibung der evangelisch-theologischen Facultät um so begründeter erscheinen, als die Analogie der Universitäten Breslau, Tübingen, Bonn die principielle Möglichkeit der in Rede stehenden Vereinigung schlagend darthut.

Die Frage wurde dem Universitätsconsistorium zur Begutachtung übergeben und das Resultat derselben war: Für die Einverleibung sprachen (30. Mai 1863) das medicinische und das philosophische Professoren- und das medicinische und juridische Doctorencollegium; gegen dieselbe stimmten die anderen Professoren- und Doctorencollegien und schließlich das Universitätsconsistorium (dasselbe bestand aus dem Rector und Prorector, aus acht Professoren [Decanen und Probecanen], aus den vier Doctorendecanen und dem Kanzler).

---

*) Der ursprünglich officielle Titel dieser Facultät war: „Protestantisch-theologische Lehranstalt." Auf Grund einer kaiserlichen Entschließung vom 3. October 1850 wurde derselben der Titel: „Evangelisch-theologische Facultät" und zugleich das Promotionsrecht gewährt. Das Siegel, welches früher die Inschrift hatte: „Protestantisch-theologisches Studium in Wien" wurde im Jahre 1859 durch ein anderes mit den Inschriften: „K. k. evangelisch-theologische Facultät" und „C. R. Facultas Evangelico-theologica Viennensis" substituirt. Es mag hinzugefügt werden, daß auch die Bezeichnung „evangelisch" bis zum Jahre 1850 verpönt war.

Damals war bereits die Jubelfeier der Universität in Sicht. Unsere archivalischen Studien auf diesem Gebiete hatten uns die Ueberzeugung beigebracht, daß die Universität in Wien im Laufe der Zeit den katholischen Charakter verloren habe und ausschließlich eine Staatsanstalt geworden sei. Aber, wie es im Leben geht, wenn man in gewissen Traditionen großgezogen wird, trauten wir uns selbst nicht. Wir steckten daher einen Fühler aus und veröffentlichten in der „Presse" vom 2. Jänner 1865 einen diesbezüglichen Artikel, und erst als derselbe ohne Repliken geblieben war, nahmen wir ihn in erweiterter Form in unsere „Studien zur Jubelfeier der Wiener Universität" S. 34 auf. Wir konnten in diesem Werke S. 45 auch mittheilen, daß 58 Professoren in einem Memorandum an den Staatsminister vom 8. Juni 1865 von denselben Anschauungen wie wir ausgingen. Vorläufig kam jedoch diese Anschauung nicht zum Durchbruche.*)

Im Unterrichtsrathe kam diese Angelegenheit am 29. December 1865 zur Verhandlung und auch in dieser

---

*) Es wird nicht überraschen, wenn wir sagen, daß unsere „Studien" vielfach von specifisch katholisch-kirchlichen Organen angegriffen wurden. Wir hatten damals auch ein heiteres Erlebniß. Wir theilten nämlich in der XVIII. Beilage des genannten Werkes S. 212 ein Votum der niederösterreichischen Regierung über die Censur vom Jahre 1775 mit. In demselben heißt es: „und Piuse durch Bullen in coena domini" u. s. w. Da jedoch kein Pius die genannte Bulle erließ, so hielten wir es für angezeigt, daneben eingeklammert ein Ausrufungszeichen zu setzen. Ein Herr Recensent (wie wir hörten, war es einer der angesehensten Rechtslehrer an einer österreichischen Universität, der nun seit mehreren Jahren Oesterreich verlassen hat) las jedoch die Stelle in Hast, und da das Buch mit lateinischen Lettern gedruckt ist, glaubte er, es stehe statt: „Piuse (!)" Pinsel, und klagte bitter, das Buch „enthält ein Muster von Schmähungen der katholischen Hierarchie, wo Päpste als „Pinsel" bezeichnet werden."

Körperschaft sprach sich die Majorität für den katholischen Charakter der Wiener Universität aus. Zur Minorität gehörte der damalige Professor Dr. Josef Unger. (Das wahrhaft glanzvolle Votum, welches er bei dieser Angelegenheit abgab, veröffentlichte er später 1869 unter dem Titel: „Zur Reform der Wiener Universität.") In der Sitzung des Unterrichtsrathes vom 31. Juni 1866 kam es zur Abstimmung, und die Majorität (acht Stimmen) sprach sich dahin aus, die Universität habe auch ferner als katholische Hochschule zu gelten; die Minorität (fünf Stimmen) erklärte, die Universität sei eine Staatsanstalt ohne confessionellen Charakter. In gleicher Weise waren acht Stimmen dafür, daß die Erlangung akademischer Würden (Rectorat, Decanat) ausschließlich für Katholiken vorzubehalten seien; fünf Stimmen waren dagegen.

Unter diesen Verhältnissen wird man sich nicht wundern, wenn der damalige Universitätskanzler (der Kanzler war seit der Begründung der Universität gleichsam der Vertreter des Papstes an der Universität), sich über diese Frage in folgender Weise vernehmen ließ:

Mit der Concession, daß für profane Lehrfächer auch Protestanten zu Professoren zugelassen werden, aber nicht zu sonstigen Würden, sind auch die möglichen Zugeständnisse abgeschlossen.

Wollte man diesen Charakter (den katholischen) nach dem Antrage der Minorität des Unterrichtsrathes in den der Confessionslosigkeit umgestalten, so wären damit, abgesehen von der widerlichen und unnatürlichen, ja unmöglichen Gestalt eines religiös-farblosen Institutes zum Unterrichte der Jugend und zur Pflege der Wissenschaft, die Stiftung der Universität in einem wesentlichen Punkte alterirt, wozu man in Oesterreich nicht die Hände bieten kann und wird.

Er citirte ferner Aussprüche Rotteck's für die Erhaltung der Universität Freiburg, 1817, und bemerkte: „Freiburg besteht bis auf den heutigen Tag als katholische Hochschule, und in Oesterreich will es eine Fraction Gelehrter für zulässig erklären, der Hochschule von Wien den katholischen Charakter zu rauben. Bedauerlich, daß es wahr ist." Er wies ferner auf den Artikel XXI des Concordates, hinzufügend:

„Uebrigens wäre es ein Widerspruch, wenn sich eine confessionslose Körperschaft noch ferner bei dem katholischen Gottesdienste vertreten lassen wollte. Eine aus Christen, Juden und Heiden zusammengewürfelte Hochschule würde in den katholischen Gotteshäusern und bei der Frohnleichnamsprocession nicht ferner vertreten sein können. Die Wiener Universität eine confessionslose Universität! das wäre die erste dieser Art."

Er schloß:

„Uebrigens meine ich, daß es lediglich Sache des allerdurchlauchtigsten Rechtsnachfolgers der Fundatoren der Wiener Universität sei, das Statut derselben zu sanctioniren. Für die Mitwirkung irgend eines Vertretungskörpers sehe ich keinen gesetzlichen Anhaltspunkt, glaube auch, daß eine solche Mitwirkung von Männern, denen zumeist ein Verständniß der Sache schwer zuzumuthen ist, für die Sache selbst nicht gedeihlich sein könne, zumal wenn man den Einfluß der Gallerie und der Presse ins Auge faßt."

In Folge des inzwischen eingetretenen Krieges gegen Preußen ruhte hierauf diese Frage.*) Nachdem dann die kaiserliche

---

*) Wir müssen dem damaligen Kanzler, Weihbischof und nachher Erzbischof von Wien, Cardinal Kutschker, die Gerechtigkeit widerfahren lassen, daß er, nachdem das Universitätsgesetz erlassen war, welches den katholischen Charakter der Universität aufhob,

Entschließung vom 16. December 1867 erflossen war, welche einen Bauplatz für die Universität bestimmte, schritt die evangelisch-theologische Facultät wieder ein und bat um Incorporirung und um Hörsäle in dem neuen Universitätsgebäude.

Wieder fanden im Schooße des Ministeriums mit Beiziehung von Fachmännern unter dem Vorsitze des damaligen Unterrichtsministers Ritter v. Hasner Berathungen statt. Aus einer Berathung vom 13. Juli 1868 lassen wir einige Voten folgen:

— Eine bindende Erklärung sei abzulehnen, da die Entscheidung im Wege der Gesetzgebung bei Gelegenheit des Statutes für die Universität erfolgen werde; die örtliche Adjungirung könne unbedingt genehmigt werden.

— Die örtliche Adjungirung werde unausweichlich die Incorporation dieser Facultät zur Folge haben. Vom Standpunkte der Regierung kann sie sich entweder gar nicht um die theologischen Lehranstalten kümmern, ein Gesichtspunkt,

---

sofort demselben Rechnung trug. Als die katholische Facultät am 23. Juni 1873 anfragte welche Stellung nun der Kanzler einnehmen werde, erklärte er: „Bis nun war der Kanzler ein Mitglied des Universitäts-Consistoriums und betheiligte sich an den Sitzungen desselben; diese Thätigkeit entfällt und kann wohl nicht die Rede davon sein, daß der Kanzler bei den Sitzungen der theol. Facultät intervenire, weil dies bisher nicht der Fall war und es dem Sinn des Gesetzes vom 26. April 1873 widerstreiten dürfte, den theologischen Facultäten in Wien und Prag bei der Verwaltung ihrer inneren Angelegenheiten ein Glied einzufügen, welches die anderen theologischen Facultäten entbehren. Der Kanzler hat den Candidaten des theol. Doctorgrades die professio fidei abzunehmen, bei der Promotion derselben zu interveniren und die Doctordiplome auszufertigen. Schwierig dürften die Verhältnisse werden, wenn der Rector nicht Katholik ist, daß er bei diesen Promotionen präsidire. Man würde dann auch die künftige Giltigkeit des Doctorates in Frage stellen."

der unseren Staatsgrundgesetzen sehr nahe liege, oder sie kümmert sich darum. Im ersteren Falle hat sie alles gehen zu lassen, im anderen muß sie auch allen Confessionen gerecht werden, den Protestanten, Juden*) und Griechen. Außerdem gibt es aber noch ein Moment, das Vorhandensein eines speciellen Rechtstitels, wie ihn die katholisch-theologische Facultät der Wiener Universität besitzt. Diesem Rechtstitel stehen auch Opportunitätsgründe zur Seite. Mit der Wiener katholisch-theologischen Facultät stehen mehrere Institute zur Heranbildung von katholischen Priestern, zur höhern Ausbildung ꝛc. im Zusammenhange, die zum Theile von ungarischen, polnischen und siebenbürgischen Bischöfen gegründet wurden, welche ausschließlich zur Aufnahme von Zöglingen aus dem Heimatlande der Stifter bestimmt sind. Würde die evangelisch-theologische Facultät incorporirt, so möchten die fremden Bischöfe diese Institute nicht mehr beschicken.

— Der katholische Charakter der Universität sei nicht mehr vorhanden und kann auch nicht mehr aufrecht erhalten werden. Deshalb brauche man aber die evangelisch-theologische Facultät nicht zu incorporiren, da man sonst den anderen Confessionen nicht die Errichtung von theologischen Lehranstalten verweigern könnte, und noch weniger könnte man die katholisch-theologische Facultät hinausdrängen, da sie ein jus quaesitum hat.

— Man kann die Frage, ohne auf den confessionellen Charakter der Universität einzugehen, entscheiden. Sowohl

---

*) Thatsächlich bewilligte der Kaiser mit allerh. Entschließung vom 18. August 1870 die Errichtung einer öffentlichen israelitischen theologischen Lehranstalt und zugleich eine angemessene Subvention aus Staatsmitteln zur Besoldung der Professoren ꝛc. Zu diesem Zwecke wurden auch anfänglich 6000 fl. dann 4000 fl., hernach 2000 fl. eingestellt. Diese Lehranstalt wurde jedoch bis jetzt nicht ins Leben gerufen.

vom juridischen wie vom historischen Standpunkte aus läßt sich kein Grund für die Incorporirung geltend machen.

— Die Frage der Einverleibung lasse sich von der Entscheidung über den confessionellen Charakter der Universität trennen. Ueberzeugt, daß eine Doctrin, welcher das Dogma zu Grunde liege, nicht als Wissenschaft behandelt werden könne, seien die theologischen Lehranstalten überhaupt aus dem Verbande der Universitäten auszuscheiden. Glaube und Wissen sind sich widersprechende, unausführbare Gegensätze, und deswegen gehören Anstalten zur Heranbildung von Priestern principiell nicht in den Universitätsverband.

— Votant war früher aus politischen Gründen, der confessionellen Gleichberechtigung, für die Incorporirung und ist nun, da die Gleichberechtigung erfolgt ist, aus politischen Gründen dagegen, da die evangelische Facultät selbst den katholischen Charakter annehmen werde; die katholisch-theologische Facultät werde jedoch durch das Ausbleiben vieler Studirenden sehr geschädigt.

Das Gesuch wurde daher blos dahin erledigt (22. Juli 1868), daß man derzeit nicht in der Lage sei, durch eine bindende Erklärung der gesetzmäßigen Behandlung der Frage vorzugreifen.*)

Herr v. Stremayr, der Nachfolger Hasner's als Unterrichtsminister, ging von folgenden Grundsätzen aus: Was den katholischen Charakter der Wiener Universität betrifft, so sei diese Frage durch den § 3 der Staatsgrundgesetze bereits gelöst. In dem Schreiben des Cardinals Rauscher

---

*) Es mag hervorgehoben werden, daß Döllinger in der Schrift: Die Universitäten einst und jetzt, mit Hinweisung auf die Universitäten zu Bonn und Tübingen es als Vortheil betrachtet, wenn die katholische und die protestantisch-theologische Facultät nebeneinander wirken, da sie den gegenseitigen Wetteifer wecken.

an den päpstlichen Nuntius Viale Prelà vom 18. August 1855 sei auch thatsächlich die Eventualität ins Auge gefaßt, daß dem Fortbestande des bisherigen Verhältnisses Schwierigkeiten entgegenstehen könnten, und wird für diesen Fall im Absatze F dasjenige zugesagt, was nun Gesetzeskraft erhalten soll, daß nämlich die Wirksamkeit des Kanzlers sich auf die theologische Facultät zu beschränken habe.*) Ferner war dieser Minister ebenfalls gegen die Incorporirung der evangelisch-theologischen Facultät, da das Bestehen der katholisch-theologischen Facultät nur durch die Thatsache ihres geschichtlich begründeten Bestandes gerechtfertigt werden könne.

Will man objectiv sein, so wird man diesen Standpunkt für billig anerkennen. Die Theologie ist einmal keine Wissenschaft, da sie der freien Forschung nur bis zu einer gewissen Grenze Raum gestattet, und fragt es sich nur, wenn man dem historischen Rechte, da wo es keine Berechtigung hat, Rechnung trägt, ob man dann nicht auch dem Principe der Gleichberechtigung Genüge leisten müßte.

Als dann die Vorlage des Gesetzes über die Organisation der akademischen Behörden (promulgirt am 27. April 1873) am 28. Jänner 1873 im Herrenhause zur Berathung kam, stellte der Berichterstatter Professor Miklosich den Antrag, das Herrenhaus möge die Erwartung aussprechen, daß auch die evangelisch-theologische Facultät der Universität einverleibt werde, jedoch wurde dieser Antrag abgelehnt. Die Wiener und auch die Prager Universität waren durch das citirte Gesetz wie die anderen österreichischen Universitäten von nun an Staatsanstalten und alle Befürchtungen, die an diese Eventulität geknüpft wurden, zeigten sich als grundlos.

Nachdem jedoch eine Area auf dem Paradeplatze für

---

*) Der Wortlaut ist: In facultatem theologicam secluso Cancellarii, ubi adest, officio peculiarem influxum exercebunt.

den Universitätsbau angewiesen worden war, schritt das Professorencollegium der evangelisch-theologischen Facultät am 23. Juli 1871 wieder beim Ministerium mit der Bitte ein, die genannte Facultät in dem neu zu erbauenden Universitätsgebäude unterzubringen. Abgesehen von dem Vortheile, der den Studirenden durch diese Maßnahme erwachsen möchte, würde auch der Staat den Zins für die bis nun in einem Privathause gemietheten Räume, jährlich 2000 fl. ersparen.

Die Stimmführer im Ministerium erkannten die Berechtigung dieses Wunsches, und da das physikalische Institut ein besonderes Gebäude erhalten sollte, so rechnete man, daß Raum vorhanden sein werde, und sollten daher diese Ansprüche berücksichtigt werden. Es wurde jedoch vorläufig nichts darüber verlautbart.

Am 18. April 1878 unterbreitete der evangelische Oberkirchenrath eine Eingabe an das Ministerium folgenden Inhalts:

Die dritte evangelische Generalsynode Augsburger Confession hat am 27. November 1877 dem Wunsche Ausdruck gegeben, daß die evangelisch-theologische Facultät wenigstens local mit der Wiener Universität vereinigt werde.

Der Oberkirchenrath schloß sich diesem Wunsche aus idealen wie aus realen Gründen an. Die evangelische Theologie fühle sich „als ein Glied in der großen Geisterkette der Wissenschaften". Sie wünsche keine Isolirung und hält es vielmehr als Pflicht, sich mit allen ihr verwandten oder sie berührenden Wissenschaften in lebendiger Verbindung zu erhalten. Was wäre heutzutage ein Ausleger der heiligen Schrift, der die Forschungen der classischen und die neueren Entdeckungen der orientalischen Philologie (z. B. auf dem Gebiete der Assyriologie) ignoriren wollte? Was ein Kirchenhistoriker, für den die Meister der Profanhistorie nicht geschrieben hätten? und wie ist ein Dogmatiker auch nur denkbar ohne genaue Kenntniß der epochemachenden philosophischen Systeme von der Philosophie der Griechen an, deren Schwanengesang zum Hymnus auf Christus wurde, bis herauf zur Philosophie der Identität, des Monismus und des Pessimismus. . . . Dadurch ist vor allem der Dogmatik unvermeidlich geworden, zur Philosophie Stellung zu nehmen. Deshalb sei auch für die Studirenden der evangelischen Theologie vorgeschrieben, daß sie wenigstens zwei an die Theologie angrenzende philosophische Gegenstände hören müssen. Durch die Vereinigung der evangelisch-theologischen Facultät mit der Universität würde der Besuch dieser hilfswissenschaftlichen Vorlesungen den Studirenden der evangelisch-theologischen Facultät erleichtert und nahe gelegt, und könnten die Professoren mit wenigen Zeitopfern die Universitätsbibliothek benützen.

Das Professorencollegium der genannten Facultät ersuchte ebenfalls am 15. November 1878 eine wirkliche Bestätigung der dem Vernehmen nach erfolgten Ministerialentschließung, betreffend die locale Vereinigung der k. k. evangelisch-theologischen Facultät mit der Wiener Universität, zu erhalten. Diese erfolgte dann 30. December 1878 mit dem Bemerken, daß diesbezüglich bereits Vorsorge getroffen worden sei.

Schließlich wollen wir noch eines Momentes gedenken. Am 26. März 1873 befürwortete das Rectorat (die Professoren Späth und Arlt) auf das Lebhafteste, daß in dem neuen Universitätsgebäude auch dem studentischen Lesevereine Localitäten angewiesen werden; denn „es läßt sich nicht verkennen, wie nutzbringend für die allgemeine Ausbildung und wie fördernd für die Specialstudien der akademischen Jugend das erwähnte Institut zu wirken vermag, wenn es richtig geleitet und in unmittelbarem Verbande mit der Universität sich befindet. Es ermöglicht den Studirenden auf ganz kurze Zeiträume zu einem Einblick in die Tagesliteratur, sowie freie Stunden und Tage zu ernsten Studien zu verwenden, zu welchen ihnen die Hilfsmittel besorgt werden, und zwar in einem Orte, der als Sammelpunkt der besten unter ihnen den Wetteifer in Erwerbung größtmöglichsten Wissens außerordentlich unterstützt. Der Verein ist in der That ein Universitätsverein, da er Mitglieder aller Facultäten, aller Confessionen und aller Nationalitäten umfaßt." Minister Stremayr erklärte hierauf 23. April 1873, es sei für Räumlichkeiten eines Lesevereins von Universitätshörern beim Neubau Bedacht genommen.*)

*) Ueber die Vertheilung der Baulichkeiten innerhalb des Gesammtgebäudes der Universität vergl. Carl Lemayer: „Die Verwaltung der österreichischen Hochschulen", S. 297.

Schluß.

Wir haben es versucht den Verlauf des Universitätsbaues zu schildern, seit der Zeit als die Räumlichkeiten des damals neuen und alten Universitätsgebäudes nicht mehr genügten und Abhilfe dringend wurde, bis auf den heutigen Tag, da der Prachtbau meisterhaft ausgedacht und von Künstlerhand ausgeführt der Vollendung entgegengeht.

Daß der Bau nicht blos ein Luxusbau, sondern eine Nothwendigkeit war, weiß Jedermann, der politische Zeitungen liest (und wer liest sie nicht), wenn er auch sonst dem wissenschaftlichen Leben fern steht. Ertönen doch unaufhörlich und immer stärker die Klagen über die Gewehrfabrik, respective über die Ubicationen, in welchen die medicinisch-chirurgischen Disciplinen gelehrt werden. Man würde jedoch sehr irren, wenn man glauben wollte, daß die Localitäten für die Hörer der rechts- und staatswissenschaftlichen und der philosophischen Facultät entsprechend oder gar der Alma mater Vindobonensis würdig seien. Auch den Hörern dieser Facultäten sind Hörsäle eingeräumt, die kaum als Zimmer gelten können (der größte Hörsaal faßt 200 Studirende, und doch sind für manche Vorlesungen 500 bis 600 Studirende inscribirt), denen es an Licht fehlt, und welche in Folge der zahlreichen Hörerschaft massenhafte gesundheitsschädliche Miasmen entwickeln. Gar viele Wände dieser Säle sind von Feuchtigkeitsflecken durchzogen, die nach Quadratklaftern bemessen werden müssen. Da und dort zeigen sich auch im Mauerwerke nicht unbedenkliche Sprünge und Risse.

Thatsächlich muß der Saal Nr. 4 gepölzt werden und wird er von den Professoren gemieden. Die Canalisirung ist derart schlecht, daß die Ratten bis in das dritte Stockwerk kommen. Das Haus selbst wurde seit 23 Jahren nicht geweißt; zu schweigen von jenen Oertlichkeiten, die in öffentlichen Gebäuden vorhanden sein müssen, die sich in einem höchst verwahrlosten Zustande befinden.

Zu dem kömmt, daß die oberste Unterrichtsbehörde genöthigt ist, da die vorhandenen Räumlichkeiten nicht genügen, Privatwohnungen zu miethen. So befinden sich zur Miethe: die evangelisch-theologische Facultät, das Gymnasium in der Hegelgasse und das Staatsgymnasium in der Leopoldstadt, ferner das zoologische, pflanzenphysiologische und das mineralogisch-petrographische Institut ꝛc., welche, obschon sie alljährlich bedeutende Summen verschlingen, doch nicht stets zweckentsprechend untergebracht sind.

Dieser Zustand kann der Reichsvertretung nicht gleichgiltig sein. So verschiedenartig auch die Ansichten der Mitglieder des Abgeordneten- und des Herrenhauses über politische, nationale und nationalökonomische u. s. w. Fragen sein mögen, über diese Frage der Vollendung des Universitätsbaues dürfte keine Meinungsverschiedenheit herrschen, da durch die vorhandenen Zu- oder richtiger Uebelstände die Unterrichtszwecke geschädigt werden. Nun wissen wir wohl, daß diese Frage auch eine finanzielle Seite hat. Doch um was handelt es sich hier? Sieben Millionen sind für den Universitätsbau votirt. Vier und ein halb Millionen sind bereits verausgabt und es handelt sich nur noch um $2^{1}/_{2}$ Millionen. Würde der Reichsrath jetzt, für das Jahr 1882, Eine und eine halbe Million statt der bereits im Budget eingestellten halben Million votiren, so könnten in einem halben Jahre die beiden Seitentracte, welche für Hörsäle bestimmt sind, ihrem Zwecke zugeführt werden und die Räumlichkeiten für die Bibliothek ꝛc. später beendet werden.

Nun sind eine Million Gulden allerdings eine bedeutende Summe; aber bei einem Budget, in welchem das Erforderniß in runder Summe 433 Millionen beträgt, wird man doch diese Summe nicht für eine bedeutende ansehen und zwar um so weniger, da man dann die Zinsen für die Localitäten, die jetzt gemiethet werden, erspart und im ärgsten Falle blos die Verzugszinsen einbüßt. Es muß übrigens auch erwogen werden, daß in Folge der Hinausschiebung der Vollendung des Baues die Zinsen der bereits verausgabten 4½ Millionen nutzlos verloren gehen. Und wenn es schließlich ein Opfer wäre, so verlangt nicht nur die Ehre der antiquissimae ac celeberrimae universitatis Viennensis, sondern die extrema necessitas, die äußerste Nothwendigkeit, dieses Opfer.

Diese äußerste Nothwendigkeit wird es auch rechtfertigen, wenn gegen den parlamentarischen Usus dem Ministerium eine Summe bewilligt wird, die es nicht beansprucht hat, und überdies auch von einer Partei, die zu demselben in Opposition steht.

Wir hegen daher die zuversichtliche Ueberzeugung, daß bei der Budgetdebatte aus der Mitte des Reichsrathes sich in Anbetracht der vorhandenen Uebelstände Stimmen für die Einstellung der genannten Summe zu Zwecken des Ausbaues der Wiener Universität erheben werden, und glauben annehmen zu dürfen, daß trotz der herrschenden Zerklüftung hier ein Einigungspunkt sich finden und Niemand gegen einen derartigen Antrag stimmen wird.

Inhalt.

	Seite
Vorwort	III
I. Aus vormärzlicher Zeit	1
II. Das Jahr 1848 und seine Folgen	14
III. Bauprojecte	35
IV. Der Neubau	60
Schluß	76